MAÎTRISEZ L'ART DE PARLER EN PUBLIC

Comment survivre aux présentations,
vaincre sa peur des discours et captiver son public
avec confiance en soi grâce à la rhétorique et la
communication efficace.

Gerard Shaw

TABLE DES MATIÈRES

INTRODUCTION

Personne ne naît naturellement doué pour parler en public. J'aimerais prétendre que j'étais phénoménal la première fois que j'ai pris la parole devant un public, mais ce serait un mensonge. Il m'a fallu subir plusieurs échecs pour apprendre à maîtriser l'art oratoire. Ce n'est qu'aujourd'hui, après plus d'une décennie de pratique et d'enseignement de la communication en public, que j'en suis venu à apporter des réponses à ceux qui veulent se lancer dans leur propre carrière. Les questions varient d'un sujet à l'autre, mais la plupart d'entre elles portent sur la peur que suscite la prise de parole en public. Je me suis rendu compte qu'il y avait un grand nombre de personnes qui débutaient comme moi, et que la plupart d'entre elles voulaient apprendre à surmonter leurs angoisses avant de monter sur scène.

Je souhaite que vous tiriez les leçons de mon expérience avant d'entamer votre propre voyage. Les concepts présentés dans ce livre sont ceux que j'ai appliqués à ma carrière et qui m'ont permis, ainsi qu'à ceux que j'ai accompagnés, d'atteindre avec succès leurs propres objectifs en matière de communication en public. Je sais que vous traverserez les mêmes moments que ceux que j'ai vécus au début de ma carrière et que, là où j'ai échoué lamentablement, je *sais que* vous réussirez.

Dans ce livre, je vous présenterai des solutions efficaces, ainsi que des directives détaillées sur la façon de surmonter vos peurs paralysantes. Vous y acquerrez les connaissances qui vous aideront à vous développer et à vous convertir en un orateur confiant et inspirant. Il s'agit de stratégies pratiques pour élaborer des discours réussis et être en mesure d'articuler correctement votre message principal. Je suis convaincu que ces stratégies vous aideront parce qu'elles ont porté leurs fruits au cours de ma longue carrière, parfois ardue au commencement.

Vous avez choisi ce livre, ce qui signifie que vous avez en vous un ardent désir qui vous pousse à aller de l'avant et à devenir le genre d'orateur qui laisse son auditoire en admiration. Étant donné que vous vous intéressez à l'art de parler en public, il y a de fortes chances que vous soyez déjà impliqué dans des discours et des présentations, que ce soit pour des raisons professionnelles, académiques, civiques ou sociales. Quels que soient vos motifs, je ne peux qu'imaginer le poids qui pèse sur vous lorsque vous prenez la parole. Il se peut que ces engagements conduisent à une nouvelle carrière ou à une promotion. Quelles que soient les raisons, il est évident que vous souhaitez améliorer vos compétences.

Dans ma jeunesse, l'idée de parler devant d'autres personnes me faisait frémir de peur. Le fait de devoir me présenter devant une classe suffisait à me rendre nerveux. J'ai dû suivre un long parcours fastidieux pour devenir l'orateur à succès que je suis devenu aujourd'hui. Je ne veux pas que vous ayez à suivre le même chemin laborieux que celui que j'ai emprunté. C'est tout au long de ce parcours ardu que j'ai appris les concepts que je m'apprête à vous transmettre. Ce n'est qu'après ma propre réussite que j'ai entrepris d'offrir ces connaissances à mes clients. J'ai constaté des changements incroyables chez plusieurs d'entre eux. Une fois qu'ils ont adopté les techniques, les stratégies et les méthodes décrites dans ce livre, ces nouveaux présentateurs reviennent toujours avec une immense gratitude pour la confiance que je leur ai permis d'acquérir et les progrès qu'ils ont réalisés dans leur carrière de conférencier. Grâce à mon coaching, j'ai observé des individus qui n'étaient pas en mesure de monter sur une scène et qui, en parlant de ce qu'ils aimaient le plus, ont réussi à épater une foule de centaines de personnes, que ce soit dans le cadre d'une conférence universitaire, d'un événement social racontant leur propre histoire ou d'un plaidoyer en faveur des changements qui, selon eux, devaient être apportés dans le monde.

À votre tour, vous pouvez devenir un orateur à succès, surmonter vos peurs et tracer votre propre voie vers la réussite. Le voyage commence par la connaissance :

- Nous examinerons le sentiment de la peur et les nombreuses façons dont elle peut paralyser votre capacité à captiver un auditoire.

- Vous apprendrez à vaincre votre anxiété en utilisant des techniques éprouvées et soutenues par la science.

- Vous découvrirez des méthodes pour élaborer un discours, définir votre message et le transmettre en toute confiance!

Tous les concepts présentés dans ce livre sont le résultat d'années d'expérience en matière de formation d'orateurs de classe mondiale, qui ont réussi à les perfectionner au fil des ans. Vous pouvez désormais les mettre à profit pour bâtir votre propre carrière d'orateur. Vous bénéficiez de toutes ces connaissances dès maintenant!

Vos premières expériences vous ont peut-être conduit à renoncer à prendre la parole en public. En choisissant ce livre, vous avez prouvé qu'abandonner n'est pas la solution. Vous savez que vous avez suffisamment perdu de temps à vous soumettre à certaines critiques négatives. À partir de maintenant, vous n'avez plus besoin de leur accorder le pouvoir qu'elles *ne* méritent pas. Une fois que vous aurez commencé à appliquer les stratégies infaillibles de ce livre, vous remarquerez immédiatement des changements en vous! Je ne doute pas que vous constaterez à quel point votre vie peut changer, maintenant que vous avez fait le premier pas dans cette direction.

CHAPITRE UN

Les Prédateurs Modernes Ne Peuvent Pas Vous Dévorer

Regardons la réalité telle qu'elle est : la peur est essentielle à notre préservation biologique. Nos ancêtres avaient besoin de la peur pour survivre. En fait, vous et moi ne serions probablement pas présents aujourd'hui si nos ancêtres avaient accepté sans crainte de se faire dévorer par des tigres à dents de sabre au lieu de s'enfuir. La peur a donc sa raison d'être, et elle est même essentielle! Cependant, elle n'a pas sa juste place dans notre société actuelle. Les éléments que nous craignons aujourd'hui n'ont plus la même signification que les félins prédateurs d'autrefois. Nous menons des vies très confortables et la plupart de nos peurs contemporaines sont des fantômes mentaux que nous laissons peser sur notre bonheur actuel.

Par conséquent, la peur ne devrait pas déterminer notre état d'esprit et nous devrions être en mesure de tolérer les moments d'anxiété. Il ne s'agit pas d'ignorer la peur, mais de la laisser suivre son cours. Parmi les nombreuses émotions qui nous habitent, la peur est le genre de succube qui envahit notre subconscient en murmurant la fin du monde et en nous volant notre confiance. Elle est paranoïaque et domine toutes les autres émotions tant qu'elle est installée. Elle recherche constamment le danger, même lorsque nous ne fuyons plus les prédateurs ou que nous ne chassons plus avec des lances pour éviter la faim des prédateurs. Ce type de terreur, qui fait monter l'adrénaline, provient de nos ancêtres — et ce type de peur est une émotion dépassée. Notre subconscient ne se doute pas que, la plupart du temps, nous ne sommes *pas* en danger de mort, mais que nous prononçons simplement un discours devant des inconnus. C'est la raison pour laquelle la peur vous empêche d'avancer — elle essaie toujours de vous dominer. La peur freine la croissance et, comme un démon, elle aime vous maintenir dans une bulle de méfiance. Reléguez la peur à l'arrière-plan et autorisez-la à se manifester lorsque vous en avez réellement besoin, et non lorsque vous vous sentez simplement nerveux à l'idée de parler en public. La peur n'a rien à voir dans cette situation. Vous êtes à *votre* place, entouré de votre confiance et de votre fierté. Ainsi, laissez la peur derrière les rideaux, où elle murmurera toutes les horreurs qui ne se produiront pas.

La Psychologie de la Peur

La peur primitive et irrationnelle remonte à l'origine de notre évolution. À présent, regardez autour de vous. Est-ce que quelque chose vous poursuit? Soyons honnêtes — à moins que vous ne vous trouviez au milieu d'une situation dangereuse avec ce livre sur votre tablette ou en version papier, tout en étant capable de lire — vous comprenez que la peur est une émotion archaïque. Il ne fait aucun doute qu'elle nous maintient en vie et en sécurité, mais elle est un obstacle à notre existence quotidienne.

Quelle est donc la *psychologie* qui sous-tend la peur ? Naturellement, tout se trouve dans l'esprit. Comme une mauvaise herbe dans un jardin, une fois installée dans vos pensées, la peur se développe au détriment de votre confiance. La peur réelle ou psychologique déclenche une réaction chimique dans toutes les parties de votre corps. Dès que vos pensées commencent à percevoir une menace, votre corps se met en mode de protection. Vous pouvez alors ressentir des réactions physiques : transpiration, tremblements et accélération du rythme cardiaque. Nous reconnaissons tous ces signes avant-coureurs, car nous les avons déjà ressentis et nous les avons amplifiés. Lorsque l'anxiété survient, il arrive que votre estomac se mette à trembler et qu'un sentiment d'effroi imminent envahisse tout votre corps. Les psychologues appellent cette réaction primitive, le *conflit entre la fuite et la lutte*. Dans le cas d'une allocution en public, l'émotion ne se préoccupe pas de savoir si vous avez un public à impressionner ou un message important à communiquer.

Les traumatismes peuvent laisser des séquelles dans la psychologie des gens. Ceux-ci peuvent découler d'expériences vécues dans la petite enfance, mais parfois aussi d'expériences récentes de stress et de nervosité qui ont laissé une empreinte émotionnelle. Parler en public est une expérience traumatisante pour la plupart des gens. Il est possible que vous ayez déjà vécu une situation difficile, où vous avez prononcé le mauvais mot ou avez hésité sur scène. Sachez que vous n'êtes pas seul. De nombreuses personnes ont vécu la même situation. Ne considérez pas cela comme une cicatrice émotionnelle, mais plutôt comme un tremplin qui vous permet d'apprendre. Gardez à l'esprit qu'il y a davantage d'individus qui ont commis des erreurs lors d'une présentation, que d'individus qui ont offert des présentations parfaites.

Nous avons donc établi que votre peur est ancrée dans vos souvenirs et que si vous les laissez vous submerger, vous serez confronté aux mêmes problèmes de façon répétée. Cette situation se transforme en une boucle de rétroaction mentale négative, qui incite votre cerveau à rechercher des échecs familiers et, par conséquent, rassurants. La peur irrationnelle entravera votre qualité de vie si vous y succombez trop souvent.

Je suis bien placé pour comprendre l'impact que les mauvais souvenirs peuvent entraîner sur votre futur. Un jour, alors que je prenais la parole devant un groupe, j'ai fait une plaisanterie qui n'a pas eu l'effet escompté. Pourtant, en préparant ma présentation, je me souviens que je m'étais senti fier d'avoir trouvé un mot d'esprit. J'étais au milieu de ma présentation et la plaisanterie est arrivée exactement au bon moment. Mon auditoire se trouvait dans une salle de réunion et j'avais l'attention de tous les participants braquée sur moi. J'ai lancé la plaisanterie, j'ai souri et j'ai attendu leur réaction. Dans le silence le plus complet. Personne n'a ri. Pas même un ricanement. Le silence peut être une bonne chose lors d'une présentation, mais lorsque l'humour échoue, même les orateurs chevronnés ressentent la tension.

Alors, qu'ai-je fait? J'aurais pu m'acharner sur cette présentation ratée pendant des semaines, voire des mois, et j'en avais envie. Je me rappelle encore que j'ai eu l'impression que j'allais être malade, là, devant cette table. J'ai bégayé. Mon visage est devenu rouge. J'ai senti mon cœur s'emballer. Cette mauvaise blague m'a-t-elle hantée pendant un certain temps? Bien sûr. Je mentirais si je disais que ce n'était pas le cas. Mais cela ne m'a pas freiné.

Il a fallu un certain temps avant que je puisse me regarder dans le miroir, et comprendre pourquoi j'étais si furieux contre moi-même.

C'est alors que j'ai réalisé que je devais accepter la situation. Il était difficile de reconnaître que j'avais commis une erreur, mais le fait d'admettre que j'avais un problème de compétences en matière d'humour était le premier pas vers l'amélioration. Je me suis demandé ce qui me préoccupait tant dans cet échec et pourquoi j'étais si nerveux à l'idée de refaire cette présentation, ce que j'ai entrepris la semaine suivante. J'avais pourtant commencé cette présentation en étant fier de moi, mais l'embarras et ma réaction face à l'assistance ont provoqué une réaction d'effroi. En y réfléchissant, j'ai réalisé que si j'avais pu continuer ma présentation comme si de rien n'était, je ne me serais pas senti aussi embarrassé. *C'était* ma vérité et *c'était* le fondement de ma peur. Je craignais d'avoir la même réaction la semaine suivante. J'étais honteux de la façon dont mes mains avaient tremblé et du fait que j'avais transpiré à travers ma chemise bleu clair tout au long de cette présentation. J'ai dû aller au cœur de ma peur pour me préparer en vue de la conclusion de ma présentation. Une fois que j'ai compris que la peur n'était que de la peur et qu'elle n'avait pas de conséquences durables, j'ai lâché prise et j'ai pris la décision de changer certains éléments. J'ai porté du noir lors de la présentation suivante et j'ai éliminé la blague. Lors de la présentation suivante, j'ai fait face à la foule et je n'ai eu aucun problème. J'ai découvert que je n'avais pas à m'inquiéter et je suis ressorti avec un sentiment de fierté.

J'ai surmonté la situation en refusant de céder à ma peur. Au lieu de baisser les bras, je l'ai acceptée. J'ai compris de quoi il s'agissait et j'ai apporté les changements qui s'imposaient. Ces sentiments reviennent de temps en temps et ces souvenirs n'ont pas disparu, mais je ne cède plus à ces émotions. Il arrive que vous prononciez des paroles hors de propos qui vous font transpirer à grosses gouttes. Tâchez de ne pas accorder trop d'importance à ce sentiment de défaite. Les gens qui écoutent votre voix sont sincèrement intéressés par les informations que vous avez à offrir. Ils souhaitent que vous puissiez occuper leur temps de manière significative. Travaillez avec eux, et rejetez la peur.

Je comprends que ce soit un sujet délicat pour un grand nombre de personnes. Les insécurités émotionnelles et physiques se manifestent par les mêmes réactions de bouche sèche et de genoux tremblants. Le fait de savoir que vous n'êtes pas le seul à vous sentir dépassé par la prise de parole en public peut être très rassurant. La confiance, comme la peur, est une émotion complexe. Lorsque vous comprenez que vous choisissez la manière dont vous réagissez à la peur, je sais que vous apprendrez à fixer le tigre à dents de sabre dans les yeux et à refuser de le laisser vous dominer. La première étape consiste donc à reconnaître la présence du tigre dans la pièce.

Reconnaître et Accepter la Peur

Vous comprenez maintenant que la peur de parler en public est un phénomène psychologique et que vous n'êtes pas seul. Examinons donc comment vous pouvez la surmonter ! Il est possible de vaincre sa peur dans la mesure où l'on a la confiance nécessaire pour l'aborder et y travailler. Après tout, les personnes qui craignent de parler en public ont fréquemment des boucles de rétroaction psychologiquement négative. Lorsque vous vous apprêtez à vous présenter devant une foule, le premier pas de la lutte contre la peur commence par l'acceptation et la reconnaissance, deux approches qui vous permettront d'améliorer votre qualité de vie en général.

Dans un premier temps, vous devrez être conscient de vos émotions, mais vous n'aurez pas à les considérer comme un outil d'amélioration personnelle. Commencez par noter vos émotions — tenez par exemple un journal pendant quelques jours pour déterminer à quelle fréquence les émotions influencent votre prise de décision. Vous devrez être honnête envers vous-même quant à la manière dont vous vous sentez, et à ce que vous éprouvez au fur et à mesure qu'elles se manifestent. Vous devrez en faire une habitude et vous entraîner à prendre conscience de vos émotions tout au long de la journée.

En ce qui concerne la peur, vous devrez vous rappeler de pratiquer l'acceptation chaque fois que ce sentiment de fatalité imminente vous envahit. Cette méthode est à l'opposé de celle qui consiste à l'ignorer. Par exemple, lorsque vous commencez à ressentir la peur, permettez-lui de se manifester et soyez conscient des sensations. Observez aussi objectivement que possible la façon dont elle se manifeste à cet instant, puis envisagez prudemment les différentes réactions possibles après coup. Cette dernière partie du processus ne se déroulera probablement pas au cours de l'événement, mais il s'agit d'une technique de rétroaction personnelle positive.

L'évitement des émotions négatives peut sembler être une stratégie de survie. Se sentir dépassé n'a rien d'agréable. Nous souhaitons souvent que ce sentiment disparaisse, car ce n'est pas le genre d'émotion que nous voulons entretenir. De plus, les émotions négatives — tristesse, désespoir, solitude — soumettent notre corps à un stress et réduisent notre énergie, autrement positive. Contrairement à la joie et aux succès oratoires, les émotions négatives et génératrices de peur ont tendance à persister plus longtemps, même si nous souhaitons qu'elles disparaissent rapidement.

Alors, quelle est la première réaction que nous éprouvons naturellement? Nous l'ignorons. Il s'agit d'une réaction instinctive qui consiste à penser que si nous faisons simplement abstraction de sa présence, elle disparaîtra d'elle-même. Malheureusement, elle ne se dissipe jamais vraiment d'elle-même. Ces émotions persistent jusqu'à ce que notre esprit ne puisse plus rien faire d'autre que de les expulser, le plus souvent de manière inopportune. Par exemple, lorsque vous êtes triste et que vous repoussez l'émotion jour après jour, il arrive un moment où vous éclatez en sanglots. Cela tient au fait que vous évitez les émotions. Celles-ci finissent par avoir un effet néfaste sur votre corps et se manifestent de telle sorte que vous les ressentez à des niveaux plus élevés après un certain temps. La suppression aggrave les émotions négatives. Considérez votre corps psychologique comme un volcan — à un certain moment, les émotions négatives finiront par exploser! Lorsque vous sentez que ce phénomène commence à se produire, je vous invite à réaliser quelque chose d'insondable : *acceptez-le*. Oui, vous avez bien lu. Acceptez-le, serrez-le contre vous comme un parent disparu depuis longtemps. Étreignez ce sentiment comme une réponse planifiée, puis laissez-le partir.

Pour ceux d'entre vous qui se trouvent dans le déni, vous pourriez vous poser la question : «Pourquoi *devrions-nous* l'accepter?»

Il a été scientifiquement prouvé que l'évitement émotionnel est néfaste pour votre bien-être physique et mental. Fuir une situation par peur devient rapidement un piège, car il s'agit d'un état de confort facilement accessible auquel on s'habitue. Lorsque vous ignorez la peur, vous simulez le bonheur en évitant les situations et les personnes qui vous provoquent. En fuyant les situations qui vous ont effrayé dans le passé, vous vous retrouverez à éviter des moments qui pourraient s'avérer gratifiants. Ce type de confort rationalisé est comparable au coureur qui se tourne vers la malbouffe après qu'un caillou l'ait fait chuter et immobilisé pendant quelques jours. En effet, il est plus facile de prendre de l'embonpoint que de se lever et de risquer de tomber à nouveau sur un caillou égaré.

Vous craindrez davantage le souvenir de l'ecchymose que la douleur réelle, et la malbouffe vous semblera plus satisfaisante que ce que vous ne pouvez accepter d'abandonner. Tout cela parce que vous fuyez votre peur.

Enfin, il y a le vieux et terrible compagnon auquel nous avons tous eu affaire à un moment ou à un autre : l'anxiété. Lorsque vous évitez vos peurs, vous éprouvez un sentiment d'anticipation brutal. Vous commencez à redouter de devoir y faire face. L'anxiété engendre l'anxiété. En fait, elle se nourrit d'elle-même. La meilleure façon de gérer la peur est de l'accepter, y compris les signes physiques et mentaux qui l'accompagnent. Lorsque la peur est amplifiée et devient un grand méchant monstre que vous cherchez à éviter, le «chihuahua» devient plus difficile à affronter. Nul ne souhaite connaître les monstres, mais protégez vos chevilles et il n'y a aucune raison de se laisser intimider par un minuscule canidé. Poursuivez votre chemin.

Affronter sa Peur

Vous ne pouvez pas éviter la peur. L'accepter et l'évacuer est la première étape pour surprendre votre public. Une fois qu'elle sera franchie, il ne vous restera plus qu'à affronter votre peur et à vous lancer. Ce n'est pas un secret : parler en public peut être intimidant. En fait, des enquêtes ont révélé que, parmi nos pires craintes, prendre la parole en public arrive en tête de liste, devant la mort. Pensez-y. La *mort*. La majorité des gens préféreraient mourir plutôt que de parler devant une foule. Cela peut vous surprendre, ou peut-être pouvez-vous vous identifier à ce sentiment d'effroi ? Quoi qu'il en soit, si vous avez choisi ce livre, c'est que vous êtes décidé à passer à l'action.

Et voici la bonne nouvelle! Le fait de connaître votre peur calmera votre esprit. Les psychologues savent que leurs patients phobiques doivent confronter leurs peurs pour pouvoir guérir. Les mêmes idées s'appliquent aux orateurs. Des études ont démontré qu'après avoir affronté vos peurs, vous serez envahi par un sentiment de bien-être provoqué par l'adrénaline, qui se diffusera dans tout votre corps. La nervosité intense disparaîtra et, après un succès euphorisant, vous ressentirez un sentiment de calme au fur et à mesure que le taux de cortisol diminuera. C'est la raison pour laquelle tant de gens prennent des risques pour gagner leur vie : c'est un état d'euphorie naturelle. Si l'on considère les dangers encourus par les premiers intervenants ou les militaires, parler en public semble plutôt banal. Mais comme de nombreuses personnes préfèrent risquer la mort plutôt que de parler en public, vous vous positionnez au-dessus de la peur et du statut de héros lorsque vous vous opposez constamment à votre nervosité. Vous vous dites peut-être : « *Pourquoi devrais-je me lancer dans une telle aventure ? Je n'ai pas l'habitude de prendre de risques. Je ne recherche pas l'adrénaline.* » Eh bien, la science dit que vous devez secouer vos peurs jusqu'à ce qu'elles ne vous contrôlent plus.

Si vous les affrontez à plusieurs reprises, votre esprit ne les considérera plus comme une menace.

Combattez mentalement ce vilain monstre qu'est votre peur de parler en public, sans relâche. *Il ne représentera plus une menace.* Toute la chimie de votre cerveau se modifiera avec cette nouvelle acceptation, et vous n'aurez plus de symptômes physiques et émotionnels extrêmes à l'égard de votre peur. Il ne fait aucun doute qu'au cours de ce processus, vous voudrez éviter ce qui vous terrifie, mais il s'agit avant tout de ne pas céder. Affrontez progressivement cette peur, acceptez les frissons de votre anxiété, puis ressentez-les s'estomper.

Vous pourrez entraîner votre corps à anticiper la victoire sur votre peur, afin qu'elle ne vous contrôle plus.

La Plupart de nos Peurs Sont Absurdes

Cela semble assez étrange, n'est-ce pas ? Il ne s'agit pas de vous faire croire que vos peurs ne sont pas valables — ce n'est pas ce que je veux insinuer. En fait, je veux plutôt souligner que vos craintes ne sont pas fondées sur la réalité. Je dirais même que la majorité d'entre elles ne sont pas réelles. Craignez-vous de tomber d'un immeuble ? Oui, il y a bel et bien de quoi avoir peur. Mais se tenir devant un public. Pas vraiment.

Qu'est-ce qui vous vient à l'esprit lorsque vous avez peur ?

Les pires scénarios ! Ceux-ci ne sont que des scénarios. Ils n'existent pas. Ils sont imaginés et, comme dans un film, ils vous montrent les pires éventualités qui pourraient se produire. Ces scénarios sont ensuite rediffusés à l'infini. Le problème ? Ces situations que vous percevez sont toutes créées dans votre esprit. Il y a de fortes chances que ces scénarios ne se réalisent jamais. Si vous continuez à croire qu'ils sont réels, vous vous abandonnez au sentiment d'effroi qui les accompagne.

Cette attitude peut également être considérée comme une autre forme d'évitement. Vous évitez le sujet qui vous angoisse et vous en faites un problème encore plus important — inconsciemment, cela vous fournit des excuses pour ne pas aller de l'avant et l'affronter.

Je vous invite donc à examiner chacune de vos peurs lorsqu'il s'agit de prendre la parole en public. Je vous propose de les identifier, de les accepter et de les reconnaître, puis de les laisser aller. Si vous avez besoin de vous exprimer à voix haute, exprimez-vous ! Je voudrais que vous puissiez vous répéter : «Ces situations n'existent pas et aucune d'entre elles ne se produira.» Si vous pouvez vous convaincre que vous êtes en sécurité à l'aide de cette phrase, et que tout est inventé dans votre esprit, vous aurez franchi un pas de plus vers la maîtrise de vos schémas de pensées négatifs. Votre cerveau considérera ces scènes imaginaires pour ce qu'elles sont : le fruit de votre imagination autodestructrice.

Vous commencerez à vous sentir en confiance lorsque vous affronterez vos peurs. Il y a un équilibre à trouver pour développer la confiance en soi en réalisant des exploits que vous n'auriez jamais crus possibles — c'est pourquoi certaines personnes mènent leur vie comme des amateurs de risques. Je veux que vous ressentiez la fierté de pouvoir contrôler la façon dont vous réagissez à vos peurs, et je sais que ce n'est qu'une question de temps !

Star de la NBA Devenu Humoriste – Profil de Klay Thompson

Si vous n'êtes pas un fervent supporter de la NBA, vous ne connaissez peut-être pas Klay Thompson. Il a été membre de l'équipe d'étoiles de la NBA à cinq reprises et a remporté le titre de champion de la NBA à trois reprises. On pourrait croire qu'il est naturel pour lui de s'exprimer au sujet du sport qu'il maîtrise par excellence, surtout lorsqu'il en discute lors d'une interview. Malheureusement, Klay a multiplié les bafouillages devant la caméra de télévision. Ces incidents ont fait de lui l'un des favoris du public, mais, à l'époque, c'était pour les mauvaises raisons.

L'un des cas les plus notoires est celui de l'interview, désormais tristement célèbre, qu'il a donnée après un match victorieux. Klay n'a pas seulement eu la langue dans sa poche, mais il n'a presque rien dit.

L'histoire est devenue virale sur *Twitter* et a fait rire de nombreuses personnes, en grande partie à ses dépens.

Alors, comment Klay a-t-il réagi? Il ne s'est pas arrêté! Il a continué à accorder des interviews, quelle que soit l'occasion. Il a même participé à des émissions d'information locale pour perfectionner ses compétences en matière d'interviews. En tant qu'athlète, il savait qu'il devait s'entraîner pour s'améliorer. Voulez-vous connaître la suite de l'histoire? Il a commencé à faire preuve d'humour. Il a finalement pris des allures d'humoriste et est rapidement devenu l'homme le plus drôle des interviews de la NBA.

Il ne s'est jamais laissé abattre par ces moments ni par d'autres où il a été embarrassé. Il a conquis l'Internet et les journalistes. Vous pouvez désormais trouver des compilations de ses interviews dans lesquelles il se livre sans retenue, et ne se soucie pas de ce que les gens peuvent raconter à son sujet.

CHAPITRE DEUX
Votre Public S'attend à un Orateur Audacieux

J'aimerais que vous pensiez à une personne que vous considérez comme un héros qui n'a peur de rien. Qui est ce héros? Pourquoi le considérez-vous comme une personne *intrépide*? J'aimerais que vous réfléchissiez à ce qui, chez cet individu, vous persuade qu'il n'a pas peur. Lorsque je pense à l'intrépidité, je pense à des personnes qui ont fait une différence — Gandhi, Malala Yousafzai ou Martin Luther King Jr. Ce sont tous des héros nationaux, qui ont non seulement parlé à des foules sympathiques ou hostiles, mais qui ont aussi fait progresser la conscience morale de notre société. Ont-ils parlé courageusement? Absolument. Est-ce que j'attends de vous, en tant qu'orateur en herbe, que vous amorciez une révolution? Peut-être. En un sens. Je veux que vous révolutionniez *votre* vie, et que vous prononciez des discours et des présentations sur vos passions. Vous et moi souhaitons que votre voix soit entendue parce que vous avez un message à communiquer. Il ne fait aucun doute que, quel que soit le sujet qui vous passionne, il y a des gens qui sont passionnés par le même sujet.

Je suis convaincu que vous parviendrez à vous exprimer dans une salle, tout en devenant la meilleure version de vous-même. Je veux que vous excelliez comme vous en êtes capable, même dans les situations stressantes. Vous pouvez vous frayer un chemin en devenant intrépide, malgré les obstacles que vous rencontrerez en cours de route. Il s'agit de développer la confiance en soi et de ne pas ressasser ses peurs. Il est toujours facile de considérer la peur comme une émotion qui est simplement *là*. Elle se tient souvent à l'arrière-plan, comme un enfant qui donne des coups de pied dans les jambes lorsqu'il veut attirer l'attention. Elle peut sembler impossible à éliminer et, d'une certaine manière, elle l'est. Cependant, la peur n'est perceptible que dans la mesure où vous lui permettez de l'être. Vous pouvez toujours ressentir les émotions, les reconnaître et les accepter, comme indiqué précédemment, mais elle n'a plus besoin de vous contrôler.

Cela peut paraître ridicule. Peut-on vraiment se libérer de la peur ? Qui suis-je pour vous l'affirmer ? J'avais l'habitude d'être tellement nerveux avant de me présenter devant une foule que je me sentais malade. C'était comme si j'étais envahi par tout le contraire des papillons — mon estomac se contractait et j'avais des vertiges. Ce ne sont là que quelques-uns des symptômes auxquels j'étais confronté lorsque je me présentais devant une foule. Il m'était difficile de regarder quelqu'un dans les yeux, car j'étais tellement habitué à baisser le regard. Lorsque je croisais des gens dans les couloirs, j'étais courbé, les yeux rivés vers le sol. C'était mon état naturel — et je le modifiais au fur et à mesure que je m'exprimais sur les sujets qui me passionnaient. Je ne m'en suis pas rendu compte à l'époque, mais j'étais constamment en proie à la peur. Je pensais toujours à la façon dont les gens me jugeraient. Je me disais que si je disparaissais, ils n'auraient rien à juger. Mais lorsque je me présentais devant un public, je n'avais pas d'autre choix que de me faire remarquer.

J'ai cependant appris quelque chose : après avoir parlé en public, je me sentais reconnaissant de la peur que j'avais eue avant l'événement. Il y avait toujours ce sentiment de fierté et de soulagement qui venait par la suite. C'était le bonheur ! Mais ce bonheur n'aurait pas été possible si je n'avais pas affronté et surmonté mon anxiété, et si je ne m'étais pas lancé dans ma passion. Je veux que vous ressentiez ce sentiment également. Préparez-vous à mettre en pratique les étapes du chapitre suivant en reconnaissant les effets de la peur sur votre vie quotidienne. En étant conscient de ces effets, vous pourrez apprendre à dompter votre tigre à dents de sabre et à l'entraîner à rugir sur commande.

Les Effets de la Peur

Bien que nous ayons tous fait l'expérience de l'impact neurologique de la peur, le fait de reconnaître les problèmes sous-jacents à cette émotion peut nous aider à combattre ses symptômes. Même les orateurs chevronnés sont confrontés de temps à autre à des problèmes d'ordre situationnel. Comprendre la façon dont notre esprit et notre corps réagissent à la peur expliquera ces crises au cours desquelles vous n'avez aucun contrôle sur votre corps ou vos pensées. Vous devez d'abord connaître votre ennemi afin de le vaincre.

La Peur Paralyse la Pensée

Quand vous étiez enfant, avez-vous déjà eu l'impression d'être observé par un fantôme malveillant, au point de rester figé sur place ? Ou vous êtes-vous déjà réveillé d'un cauchemar, paralysé dans votre lit ? C'était comme si tous vos membres étaient coincés dans la même posture, et que l'option de courir n'était même pas envisageable. Cette expérience correspond à ce que l'on entend lorsqu'on dit «*paralysé par la peur.*»

Permettez-moi de vous informer que c'est un phénomène fréquent. Si fréquent que la plupart des gens dans le monde entier l'ont déjà vécu. Peu importe que vous craigniez le noir ou parliez en public. Ce trouble est d'origine neurologique et remonte à un *très* jeune âge. Votre capacité à conserver des souvenirs dans votre esprit n'était même pas encore développée. Alors, vous demandez-vous pourquoi je n'ai pas surmonté cette peur? C'est un réflexe naturel.

Le réflexe de paralysie par la peur (RPP) est un réflexe de retrait et il commence dès les premiers instants de la vie intra-utérine. En effet, vous étiez un fœtus lorsque ce réflexe est apparu pour la première fois dans la partie instinctivement primitive de votre cerveau en croissance. Les symptômes du réflexe de paralysie sont, entre autres, la difficulté à respirer, le sentiment d'être submergé, l'isolement et le retrait du toucher. Dans l'utérus, vous finissez par réagir aux situations stressantes en vous repliant sur vous-même et en vous figeant. Il s'agit d'une sorte de travail d'équipe avec le corps de votre mère et vous, afin d'assurer instinctivement votre sécurité. La mauvaise nouvelle? Les réactions acquises face au stress peuvent perdurer plus tard dans la vie, en conservant le réflexe de se figer même lorsqu'il n'y a pas de menaces réelles.

Rappelez-vous que parler en public n'est pas une menace réelle. Pour vous, en tant qu'orateur, la bonne nouvelle est que les fonctions primitives peuvent être maîtrisées tel un prédateur sauvage en cage. Votre esprit est le maître de la bête.

Avez-vous déjà vu un film dans lequel le personnage principal est sur le point de monter sur scène, parvient finalement à s'y rendre et demeure en état de choc en regardant le public ? Ce film est basé sur la réalité. C'est une représentation du réflexe de paralysie par la peur (RPP). Le phénomène se produit exactement comme dans les films : votre corps réagit en lien au RPP. Votre esprit s'évanouit au moment même où votre corps se fige physiquement et se crispe de manière incontrôlable. Maintenant que vous vous familiarisez avec le RPP, sachez que, comme toute épreuve, il est possible de le surmonter.

La Peur Étouffe l'Expression

Un langage corporel positif permet de lutter contre le réflexe de paralysie par la peur. Il s'agit de faire preuve de confiance en soi, surtout si vous êtes nerveux. La confiance n'est jamais aussi bien exprimée que par une forte présence physique. Chaque jour, les êtres humains perçoivent inconsciemment le langage corporel des gens qui les entourent. Cette habitude de lire le langage corporel explique pourquoi les communications à distance — par écrit ou par texto — peuvent parfois donner lieu à des malentendus. La raison en est qu'il n'y a pas de langage corporel pour compléter la signification des mots que nous lisons. Lors d'une prise de parole en public, la plupart des gens peuvent interpréter correctement un sourire, un geste d'accolade ou un pas en avant comme des symboles de confiance. Cependant, lorsque la peur se manifeste, vous perdez la capacité de contrôler la gestuelle de votre corps, ce qui risque de vous être préjudiciable lorsque vous êtes engagé dans un discours en public.

Le maintien du contact visuel lorsque vous êtes nerveux peut demander beaucoup d'efforts. Après tout, lorsque l'adrénaline du RPP se répand dans votre corps, vous n'avez qu'une envie : courir et vous cacher. Si vous ne maintenez pas le contact visuel, vous risquez de donner l'impression que vous essayez d'éviter votre public. Vous devez toujours vous rappeler que vos auditeurs ont investi du temps et des efforts pour se rassembler afin d'écouter votre message. Si votre auditoire a l'impression que vous voulez l'éviter, au lieu de sympathiser avec votre anxiété, il pourrait considérer que votre message ne mérite pas son attention, ce qui est à l'opposé de l'image que vous voulez projeter.

Le langage corporel peut être très révélateur et favoriser le respect et l'engagement de votre public. Par conséquent, assurez-vous de les stimuler par des mouvements corporels et des gestes de la main significatifs et spontanés. Ceux-ci dirigeront le regard de chacun vers l'endroit où vous souhaitez qu'il se porte, tout en vous aidant à exprimer efficacement votre message. Par exemple, les orateurs persuasifs renforcent souvent l'intensité en reculant d'un pas du podium avant de susciter la dynamique en ouvrant grand les bras.

La question qui se pose est celle de votre langage corporel et de l'image qu'il projette sur votre public. Si vous cédez à votre nervosité, votre corps commencera naturellement à se refermer sur lui-même, comme si vous tentiez de vous cacher. Cette attitude se manifeste dans votre langage corporel par des épaules tombantes, une tête baissée et des bras croisés, ce qui indique à votre public que vous n'êtes pas à l'aise. Ils interpréteront inconsciemment ce qu'ils voient comme des doutes sur votre message. Votre expression, qu'il s'agisse du langage corporel ou des traits du visage, peut déterminer la différence entre la qualité ou la médiocrité de votre présentation ou de votre discours. Vous ne pouvez pas ignorer les signaux non verbaux, donc si la peur étouffe votre capacité d'expression et pousse votre corps à se fermer naturellement, un public distrait risque de ne pas saisir le message important que vous leur avez préparé.

La Peur Perturbe la Communication

Vous voulez établir un lien avec votre public. Permettez-moi de corriger cette dernière affirmation. Vous devez vous rapprocher de votre public, si vous souhaitez que votre discours ou votre présentation soit un succès. Je suis persuadé que vous en êtes conscient, et que vous recherchez l'étincelle qui vous permettra d'enflammer votre public, en utilisant uniquement vos mots. Ce contact ne peut être établi que lorsque vous vous sentez confiant et présent. Le problème, dans ce cas, réside dans la peur, qui aura un impact sur votre capacité à atteindre cet objectif.

La peur ne se contente pas de perturber l'ensemble de votre corps par des sensations physiques, elle met aussi votre esprit en mode silencieux. C'est pourquoi vous risquez d'oublier vos mots ou de perdre le fil de vos pensées lorsque vous êtes nerveux. Au moment où la peur est aux commandes, rien n'est vraiment cohérent. Le RPP est un facteur, mais les capteurs neurologiques de votre esprit le sont également. Lorsque la peur vous envahit, il vous est difficile de lire les indices, qu'ils soient verbaux ou non verbaux. Vous aurez plus de difficultés à cerner votre public.

Que vous vous adressiez à vos collègues dans une petite salle de réunion ou que vous fassiez une conférence TED, je suis convaincu qu'il est de la plus haute importance d'établir un lien avec votre auditoire. Si vous laissez la peur prendre le volant lorsque vous essayez de naviguer, vous vous exposez à de sérieux ennuis.

La Peur Affecte votre Santé Mentale

Votre santé mentale est extrêmement importante lorsqu'il s'agit de parler en public. Après tout, vous voulez être au meilleur de votre forme pour présenter votre discours. Le fait d'être constamment en état d'alerte entraînera des répercussions négatives sur votre santé et, par conséquent, perturbera vos présentations. Vous ne pouvez pas vous attendre à inspirer un auditoire si vous souffrez de peur et d'anxiété rien qu'en étant en leur présence. Il n'est pas simple de surmonter un problème de santé mentale, mais vous devez chercher des moyens pour y remédier.

Au-delà de l'aspect visuel des effets de la peur sur votre langage corporel, elle peut affecter votre présentation au-delà de ce que l'on peut observer. Lorsque vous vous entraînez pour votre discours, vous répétez souvent certaines phrases et informations.

La peur perturbe votre mémoire en affaiblissant votre capacité à créer des souvenirs à long terme. C'est l'une des raisons pour lesquelles vous avez du mal à vous souvenir de certains mots, de certains faits ou de certaines phrases chocs. Des études ont révélé que l'anxiété altère la mémoire, ce qui affecte le travail et les relations personnelles — sans pour autant inhiber le pouvoir de la prise de parole en public.

Pour Vous Exprimer Pleinement, Ne Craignez Rien

L'expressivité ne consiste pas seulement à mettre l'accent sur des mots, des déclarations ou des phrases chocs, ou à se comporter de manière exagérée. Vous avez déjà rencontré des personnes expressives et vous savez comment elles influencent les gens — tout le monde dans la pièce y prête attention. Ils ont ce « je ne sais quoi » qui suscite l'intérêt de leur auditoire. En règle générale, ces individus produisent différentes tonalités vocales, ils multiplient les pauses et ils fascinent leur public par une multitude de gestes et d'expressions faciales. Être expressif, ce n'est pas seulement de divulguer toutes les anecdotes de votre vie à votre auditoire, ou être naturellement captivé par le sujet abordé. L'important, c'est la façon dont vous vous présentez. Je comprends que l'on puisse craindre de paraître trop émotif ou non professionnel, mais ce n'est pas toujours le cas — surtout si vous êtes expressif de la bonne manière.

L'expression, telle que je la décris dans cet ouvrage, consiste à être articulé, et à faire en sorte que ce que vous dites soit lié à vos propres émotions. Les gens interprètent ce type de sincérité comme de l'authenticité. Nous reviendrons sur cet aspect dans un autre chapitre. Lorsque vous êtes expressif, votre voix est porteuse de sens par rapport à votre sujet. Vous paraîtrez toujours plus charismatique et passionné parce que votre voix et votre corps soutiennent vos paroles.

Il est indéniable qu'être expressif est l'un des meilleurs moyens de captiver votre public. En utilisant des mouvements fluides, associés à des gestes significatifs et à la manière invitante dont vous utilisez votre voix, vous pouvez capter l'attention des gens tout au long de votre prestation. En vous libérant de votre peur, vous dégagez une impression de confiance, vous surmontez toute rigidité, vous éliminez les barrières et vous vous rapprochez de votre public. Lorsque vous êtes vous-même, vous vous sentez naturellement à l'aise.

Bien sûr, vous savez déjà qu'il n'est pas toujours évident d'être soi-même. L'une des meilleures façons de partager votre personnalité est de vous mettre en scène dans votre présentation — littéralement! N'hésitez pas à raconter des anecdotes de votre vie ou à révéler à tout le monde ce que vous pensez du produit ou de la situation en question. Vous remarquerez qu'au moment où vous aurez commencé à vous exprimer ainsi, le processus deviendra plus détendu, car vous aurez l'impression de partager avec des amis. Rappelez-vous que le public souhaite que vous occupiez leur temps de manière significative. Le fait d'apprendre à vous connaître constitue sans doute le lien important qu'ils recherchent, avant même d'accepter votre message.

Du Licenciement à l'Embauche — Profil d'Oprah Winfrey

Je sais ce que vous devez penser : *comment Oprah Winfrey pourrait-elle échouer?* Son nom est mondialement connu. Elle est considérée comme un exemple de réussite unique et elle dirige un empire entièrement bâti sur sa notoriété. Oprah Winfrey est l'incroyable animatrice de talk-show qui est devenue une auteure, une actrice nominée aux Oscars, un magnat de la télévision qui possède sa propre chaîne et qui produit des émissions télévisées diffusées dans le monde entier. Elle est réputée pour sa voix incroyable et sa capacité à interviewer les personnalités les plus complexes. Alors, comment se fait-il que cette femme étonnante n'ait jamais échoué?

Eh bien, avant d'être la femme qu'elle est aujourd'hui, Oprah a été congédiée de son poste de journaliste, à la chaîne de télévision WJZ-TV à Baltimore. En effet, Oprah Winfrey a été licenciée. Ce fut une période difficile pour l'animatrice de talk-show, qui venait à peine de commencer sa carrière.

«Ça m'a ébranlé au plus profond de moi-même», se remémore-t-elle, des années plus tard.

On lui avait reproché d'être « inapte à la télévision. » Si elle avait écouté son ancien patron, elle n'aurait sans doute jamais connu la vie qui est la sienne actuellement. Elle a surmonté sa peur et est revenue tout de même à la télévision. Elle a été relocalisée, et est devenue la voix d'un talk-show en perte de vitesse appelé *People Are Talking*. Oprah est en-suite devenue la femme ambitieuse et prospère que nous connaissons tous aujourd'hui.

CHAPITRE TROIS
Bravoure dans les Jungles Modernes

Maintenant que vous avez une idée de ce que la peur peut entraîner, voyons comment nous pouvons développer votre confiance en vous lorsque vous prenez la parole en public! Il s'agit de concepts fondamentaux qui vous aideront à vous renforcer de sorte qu'aucune peur ne puisse vous abattre. J'ai observé des clients qui ont appliqué ces principes au fil des ans et qui ont obtenu du succès lors de leurs présentations en public. L'entraînement et le contrôle sont nécessaires, certes, mais il ne fait aucun doute que vous êtes en mesure de parvenir aux mêmes résultats! Vous *pouvez* surmonter votre trac et maîtriser la situation lorsque vous montez sur scène. Tout commence par un travail sur soi.

Mesures Pratiques pour Éliminer la Peur et le Trac

La peur et le trac vont de pair, l'un ne peut exister sans l'autre. Le trac se définit comme *la nervosité avant ou pendant une apparition devant un public*. Il s'agit d'un sentiment accablant qui se manifeste non seulement dans votre esprit, mais aussi d'un point de vue physique. Il se manifeste et vous fait douter de vous-même plus vite que n'importe quelle autre émotion.

Le trac peut être une source de frustration à laquelle il faut faire face jour après jour. Surtout si vous souhaitez obtenir du succès dans certains domaines. Après tout, la nervosité peut vous faire échouer à un examen ou vous priver d'une promotion. C'est un peu comme si sa priorité numéro un était de vous empêcher de réussir ! Vous ne devez pas vous sentir honteux si vous en souffrez. Comme je l'ai mentionné précédemment, des enquêtes ont révélé que la plupart des gens en souffrent. La peur est présente chez la plupart des gens sous une forme ou une autre.

Cependant, ce n'est pas tout. Tout d'abord, il faut commencer par la peur, car elle tend à être l'ennemie numéro un de ceux qui doivent affronter un public. Vous devez comprendre d'où provient votre peur afin de ne plus ressentir le trac. Une fois que vous aurez identifié le facteur de dissuasion qui vous interpelle le plus, vous pourrez commencer à travailler sur la façon de l'atténuer.

Je souhaite que vous puissiez mettre en œuvre ces étapes dans votre propre vie, car elles vous permettront de surmonter votre trac et votre anxiété avec succès. Si vous effectuez tous ces exercices, je suis convaincu que vous vous sentirez intrinsèquement mieux. Vous devez les essayer et trouver ceux qui vous conviennent le mieux.

Chacun de ces exercices vous demandera sans doute un peu de travail. Vous aurez à les pratiquer constamment pour qu'ils produisent un effet à long terme. Vous devrez vous les rappeler lorsque vous prendrez la parole en public, lorsque vous serez au travail ou même lorsque vous sortirez avec des amis. Vous aurez également besoin de vous réserver du temps pour pratiquer chacune de ces étapes afin de pouvoir les perfectionner.

Faites Taire votre Critique Intérieur

Lorsque nous entendons une voix au fond de notre esprit, il ne s'agit pas toujours d'une voix intuitive qui nous pousse à progresser. C'est malheureusement la voix que vous entendez lorsque vous avez commis une erreur, ou que vous vous sentez sur le point de vous embarrasser. Votre critique intérieur surgit souvent de nulle part, même lorsque vous êtes simplement occupé à vaquer à vos occupations. Il vous empêche de dormir alors que vous êtes couché dans votre lit et que vous essayez de vous endormir. Il vous empêche de réaliser votre potentiel et vous maintient dans votre zone de confort.

Il ne fait aucun doute qu'il y a des moments où nous devons écouter, par exemple avant de tricher à un examen ou de critiquer la personne que nous aimons. Dans ces cas-là, nous devons prendre le temps d'écouter où nous nous sommes égarés. Cependant, ces situations sont rares — votre critique intérieur fait plus de dégâts dans votre vie quotidienne qu'il ne fait de bien.

Tout au long de notre vie, il devient naturel de nous battre contre nos défauts. Même s'il n'y a pas de critiques externes, votre enfant intérieur entend : « *Tu n'es pas suffisamment bon, personne ne t'aime ou tu perds ton temps.* » Ces pensées négatives ne reflètent pas votre véritable réalité ! Nous avons créé ces tromperies sur nous-mêmes et elles nous harcèlent jusqu'à ce que nous finissions par les considérer comme des excuses pour ne rien tenter en vue de nous améliorer.

Je suis là pour vous demander de faire taire cette voix. Cette voix appréhensive, qui surgit de votre placard, n'est pas la vôtre. Votre critique intérieure ne vous aide pas en se faufilant dans votre esprit et en vous racontant de terribles mensonges à votre sujet. Cette critique grincheuse vous empêche de progresser. Si vous l'examinez attentivement, vous vous apercevrez que ce négativisme provient souvent de souvenirs d'enfance douloureux ou de rencontres malheureuses auprès de personnes négatives. Si vous laissez jouer cette boucle vocale négative, vous saboterez non seulement les moments qui précèdent un événement important, mais aussi votre bonheur futur, car l'échec deviendra une habitude.

L'un des moyens de faire taire votre critique intérieure est de pratiquer quotidiennement l'affirmation de soi. Au lieu d'appuyer sur la touche «répétition automatique» des boucles négatives de votre passé, enregistrez de nouveaux scénarios commençant par «*Je m'améliore de jour en jour.*» En modifiant votre monologue, vous éliminerez la négativité. Soyez attentif à la voix de la pitié lorsqu'elle se manifeste et transformez-la en une voix puissante qui répond davantage à vos besoins.

Comme nous l'avons mentionné précédemment, votre critique intérieure doit être reconnue, tout comme la peur. Écoutez ce qu'elle a à vous dire et fournissez ensuite un effort conscient pour la laisser partir. Si vous vous libérez des émotions liées à cette voix, vous oublierez rapidement qu'elle existe. Votre critique intérieure se manifestera à nouveau, mais vous ne vous en soucierez plus, tout simplement parce qu'elle n'a plus lieu d'être. Vous l'entendrez et la relâcherez sans la moindre émotion.

Si vous constatez que votre voix intérieure est envahissante, vous pouvez toujours écrire ce qu'elle affirme. Certaines personnes tiennent un journal ou utilisent l'application «notes» de leur téléphone — à vous de choisir ce qui vous convient le mieux. Écrivez ce qu'elle dit, même si la tâche peut être douloureuse. En constatant que vos doutes sont consignés par écrit, il se peut même que vous y croyiez. Mais, ne cédez pas. Une fois que vous aurez pris connaissance de ces mots par écrit, leur irrationalité apparaîtra de façon évidente. Réagissez en écrivant la vérité à côté. Par exemple, si vous avez écrit : «Personne ne souhaite m'entendre», vous pouvez ensuite modifier cette phrase en écrivant : «J'ai un message important à communiquer et les gens aiment bien m'écouter.»

Vous devez surmonter la négativité et pratiquer la positivité. Les affirmations positives que vous écrivez prendront forme lorsque vous commencerez à y croire. Permettez à ces mots encourageants de devenir la nouvelle voix dans votre esprit. Répétez-les à vous-même jusqu'à ce qu'elles deviennent une réalité. Voilà un cas où de vieux adages se vérifient vraiment, tels que «feindre jusqu'à atteindre» et «c'est en forgeant qu'on devient forgeron.»

Visualisez

Vous n'avez peut-être jamais entendu parler de la visualisation, mais je suis certain que vous l'avez déjà pratiquée sans même le réaliser. Si vous vous êtes imaginé en train de monter sur une scène et d'accepter un prix, ou si vous avez rêvé de conduire une voiture particulière, alors vous avez déjà pratiqué la visualisation dans votre vie. Il s'agit d'un concept fondamental que vous pouvez appliquer pour soulager votre anxiété avant un discours ou une présentation importante. Non seulement la visualisation vous aidera à affronter les obstacles, mais elle vous aidera à imaginer comment procéder dans des situations angoissantes, car vous aurez l'impression de les avoir déjà vécues.

Pourquoi utiliser la visualisation? Eh bien, la science le confirme! Des études ont prouvé que lorsque vous visualisez une situation, le cerveau ne peut pas distinguer si ce que vous vivez est réel ou non. Chaque fois que vous imaginez une situation de manière réaliste, la chimie de votre cerveau se modifie pour compléter ce que vous voyez. Par exemple, si vous imaginez que vous gagnez un trophée, les muscles de vos bras commenceront à s'activer lorsque vous vous imaginerez en train de soulever le trophée, parce que votre esprit pense que c'est vraiment ce qui se produit.

Comme vous le savez maintenant, la peur peut provenir de l'anxiété liée au fait d'imaginer que quelque chose de mauvais se produira avant que la situation ne devienne réalité. Au lieu de ne pas prévoir la situation, comme un toast ou une présentation, visualisez-vous en train de le faire. Grâce à celle-ci, vous aurez l'impression d'avoir déjà réussi, parce que, techniquement, vous l'avez fait!

Voyons maintenant comment vous pouvez vous entraîner à la visualisation dès maintenant. Premièrement, la visualisation la plus efficace se produit lorsque vous êtes seul dans un endroit où vous vous sentez détendu. Choisissez un espace de votre maison où le silence est votre seul auditeur. Si vous souhaitez adopter une approche réellement relaxante lors de la visualisation, allongez-vous dans votre lit ou asseyez-vous dans un fauteuil confortable. Respirez profondément trois fois et fermez les yeux. Visualisez votre salle de conférence. Imaginez les visages amicaux que vous croisez dans l'auditoire, et votre mine de connaissances que vous avez préparées pour cette occasion.

Au moment où vous imaginez comment vous aimeriez que la situation se déroule, concentrez-vous sur les détails pour que la scène devienne plus réaliste. Imaginez la chaleur de la pièce, ce que font vos mains, et le volume de votre voix. Ce sont ces détails qui rendront la situation plus réelle pour vous. Pensez à des moments heureux et positifs à propos de l'occasion qui vous est offerte. C'est votre performance. *Ressentez* les émotions que vous éprouverez après avoir réalisé une présentation exceptionnelle. Vous pouvez également vous abandonner et ressentir *l'*excitation de capter l'auditoire avec votre discours. Vous savez que votre message mérite d'être entendu. Imaginez maintenant que d'autres spectateurs sont d'accord avec vous.

Une fois que vous avez terminé votre visualisation, respirez lentement et revenez dans la pièce. Détendez-vous et sentez ces émotions positives vous envahir. Cette sensation à l'intérieur de votre poitrine est un sentiment de fierté confiante. C'est encourageant! Gardez ce sentiment et emmenez-le avec vous lors de votre présentation en public.

En tant qu'orateur débutant, pratiquez la visualisation au moins trois fois par semaine, si ce n'est pas plus. Les répétitions contribuent toujours à stimuler la confiance en soi. L'exercice de l'anticipation positive éloignera également les sentiments négatifs que nous avons tendance à imaginer, si nous n'avons pas exercé nos émotions à nous apporter un soutien indéfectible. Vous ne pourrez que penser à la qualité exceptionnelle de ces moments.

Vivez le Moment Présent

La pleine conscience n'a rien de mystique. Je ne vais certainement pas vous demander de monter sur scène et de chanter devant l'auditoire en prenant la pose du lotus. Il s'agit d'être dans le moment présent et de sentir que vous êtes au bon endroit, avec les bonnes personnes, c'est-à-dire votre public. Être dans l'instant présent est la clé d'une présentation réussie.

Tant que vous n'aurez pas pratiqué et maîtrisé cette technique, il ne fait aucun doute que, même si vous avez entendu l'expression, vous aurez du mal à décrire ce qu'implique le fait d'*être dans l'instant présent,* et pourquoi il est si important. C'est un sujet dont beaucoup de gens discutent, mais nous avons tous du mal à nous maintenir dans l'instant présent. Je vous entends déjà me demander : «Que voulez-vous dire par "dans le moment présent"? Je suis dans le moment présent.» En effet, non. Vous pouvez penser que vous êtes dans le moment présent, mais ce n'est que cela — vous pensez. Si vous vous concentrez excessivement sur les détails, vous manquerez la vue d'ensemble. Être dans l'instant présent, c'est percevoir tout ce qui se passe, mais c'est aussi éliminer toutes les distractions qui interfèrent avec votre message.

Je le décrirais ainsi : vous êtes-vous déjà retrouvé dans un flot? Je ne parle pas d'une rivière où l'on monte et descend. Le flot, c'est lorsque vous aimez tant accomplir certaines actions que vous vous perdez dans le processus et que le temps s'écoule rapidement. Lorsque vous êtes dans le flot, vous êtes également dans le moment présent. Il y a généralement un sentiment de calme. Il s'agit de s'accorder un moment pour détendre ses pensées!

Quelle était l'une des principales attentes à l'égard de votre présentation avant même de la commencer? Qu'elle soit terminée. En effet, ce n'est probablement pas la première idée qui vous est venue à l'esprit, mais je sais qu'elle se manifeste juste avant le commencement de la présentation, et que votre cœur démarre en trombe, avant même vos paroles. Je me souviens de l'époque où j'étais plus jeune, et je fréquentais l'école. J'avais toujours cette crainte lorsque je savais que mon tour viendrait de faire un exposé devant la classe. Mes mains tremblaient. Ma colonne vertébrale se transformait en gélatine. Je regardais le dernier élève conclure et je redoutais de me lever pour avancer devant la classe. Je voulais que mon discours soit terminé avant même qu'il soit commencé, si ce n'est plus tôt. Puis le moment était passé parce que je n'étais pas vraiment présent. J'étais trop absorbé par l'impatience de terminer la présentation.

Vous vous êtes peut-être retrouvé dans une situation similaire. Votre appréhension vous a privé du plaisir de votre préparation. Les orateurs qui se contentent de faire une présentation machinale se privent de l'occasion qui leur est offerte, et ce que le public voit et entend devient rapidement ennuyeux. Si nous sommes si anxieux d'être rapides dans notre discours, le public le saura et voudra lui aussi en finir. Par conséquent, la meilleure façon de se maintenir dans le moment présent est de prendre du recul et d'évaluer ce que vous êtes en train de dire. Vous êtes peut-être contraint d'aborder un sujet qui ne vous enthousiasme pas, mais il doit y avoir un moyen de rendre votre message plus dynamique et plus vivant. Dès que vous aurez commencé à rendre votre discours plus captivant, vous constaterez que votre auditoire aura encore plus de plaisir à vous écouter.

Les grands orateurs prennent souvent une pause avant de commencer leur présentation. Ils trouvent le moment opportun en prenant quelques profondes respirations pendant que l'auditoire s'adapte au changement d'interlocuteur. À l'intérieur d'eux-mêmes, ces grands orateurs trouvent un espace mental tranquille. En scrutant le public à la recherche d'auditeurs bienveillants, ils inspirent par la bouche et expirent par les narines, détendent leurs épaules et saisissent calmement l'occasion qui leur est offerte. Pratiquez cet exercice autant de fois que nécessaire jusqu'à ce que vous sentiez votre rythme cardiaque s'apaiser.

Feignez Jusqu'à Ce Que Vous l'Atteigniez

Feignez jusqu'à ce que vous atteigniez votre but. C'est une expression tirée de l'anglais — *Fake it 'till you make it* — que vous avez sûrement déjà entendue, et qui peut produire un impact durable sur votre confiance en général. Tout comme les révisions d'un discours écrit transforment le message en un format plus concis et plus cohérent, l'attitude confiante de votre corps vous place dans une position de force qui peut influer sur le résultat de votre présentation.

Chaque superhéros affiche une posture si parfaite que les gens les considèrent comme des icônes. Des heures d'expériences devant une glace doivent faire partie du phénomène de la posture, n'est-ce pas? Voici ce qu'il en est : dans sa désormais célèbre conférence TED, Amy Cuddy, psychologue sociale et professeure à la *Harvard Business School*, a expliqué les effets d'une posture puissante sur la chimie du corps. Elle a réalisé une étude au cours de laquelle ses sujets ont pris différentes postures. Dans l'une d'elles, les sujets ont adopté des postures de puissances en plaçant leurs mains sur les hanches et en levant la tête. Dans l'autre expérience, les sujets s'exerçaient à baisser la tête et à laisser leurs épaules s'affaisser. L'étude de Cuddy a révélé que, sur le plan physiologique, les personnes qui pratiquaient des postures de puissance voyaient leur taux de testostérone augmenter et leur taux de cortisol diminuer, une hormone présente en cas de stress intrusif. Les expériences de cette spécialiste ont prouvé que les comportements positifs généraient une confiance en soi chimiquement renforcée chez ses sujets. La confiance leur permettait de faire preuve de maîtrise, ce qui les amenait à avoir davantage d'assurance. Toute cette confiance était le fruit d'une simple posture de superhéros.

D'après les conclusions de Cuddy, lorsque vous vous sentez nerveux avant d'entrer dans une salle de réunion ou de monter sur scène, adoptez une posture de puissance. Tenez-vous droit, la tête haute, placez vos mains sur vos hanches et ouvrez votre poitrine. Vous pouvez également lever les mains comme si vous veniez de gagner une course. Ces postures provoquent une augmentation de la testostérone dans le corps, ce qui envoie un message au cerveau pour lui signaler que vous avez confiance en vous. Il s'agit d'un phénomène naturel qui se produit dans le corps et qui vous aidera à soulager certaines tensions naturelles.

Pendant que vous feignez la confiance, accordez-vous l'impression d'être déjà un orateur à succès. Répétez-vous, jour après jour, une phrase qui vous aidera à vous sentir dans cet état d'esprit. Par exemple, prononcez sincèrement : «Tout le monde m'applaudit quand je monte sur scène.» Il s'agit d'une simple visualisation, mais c'est une façon parmi d'autres de vous sentir comme si vous aviez déjà fait votre marque dans le monde de l'art oratoire. Au bout d'un certain temps, vous gagnerez en confiance et aurez l'impression d'avoir un message important à transmettre à l'auditoire, et vous ne craindrez plus son regard. Devenez cette personne, même si vous n'en avez pas envie. En quelques instants, vous constaterez que votre corps adoptera cette position et vous deviendrez inconsciemment la personne que vous prétendez être. Avec de l'entraînement, vous parviendrez à incarner cette personne, et ce n'est qu'une question de temps avant que vous ne le deveniez.

Ne Craignez Pas d'Apprendre

Nous savons déjà que vous n'êtes pas né maître dans l'art de parler en public. Certes, vous avez peut-être été extraverti dans votre enfance, mais cela ne signifie pas que vous êtes capable de mobiliser les foules. En général, cela signifie que vous étiez mignon et que vous aimiez bouger lors des occasions festives. Une personne ne se réveille pas à l'âge de trois ans et choisit de devenir un orateur hors pair. Vétérinaire, bien sûr. Pompier? Oui, ça semble tout à fait possible. Mais se transformer en genre de personne qui peut s'exprimer devant une foule et l'épater avec sa voix, son intelligence et son vocabulaire percutant? Pas vraiment. C'est ce qui caractérise la beauté de l'art oratoire : vous pouvez le maîtriser progressivement. Il s'agit d'une compétence qui s'apprend et qui évolue au fur et à mesure que vous vous exercez.

L'art oratoire est un savoir-faire ancien, certes, mais pour apprendre à être efficace aujourd'hui, il faut acquérir de nouvelles stratégies, qui évoluent rapidement. Quelles que soient les circonstances, vous devez toujours apprendre. La société se transforme et s'adapte, et vous devez vous assurer que vous vous intégrez dans le monde tel qu'il se présente à vous. Quand vous pensez avoir terminé l'apprentissage d'une nouvelle compétence, il y a toujours quelques nouvelles possibilités qui s'offrent à vous. En ce qui concerne la prise de parole en public, la technologie utilisée pour les présentations est extrêmement variée. En continuant à perfectionner vos compétences, vous pourrez obtenir du succès dans vos projets de présentation. Vous devriez toujours découvrir de nouveaux atouts — c'est la seule façon de devenir un professionnel.

Les professionnels s'adaptent et ne laissent jamais la peur s'installer. Souvent, lorsque nous sommes confrontés à une situation nouvelle et difficile, il est plus simple de le reporter. Il est plutôt pénible de se lever, de tendre la main et de dire : «Oui, je veux faire des erreurs!». Le problème, c'est que vous commettrez des erreurs, ce qui exposera vos imperfections et vous incitera à redoubler d'efforts. Si vous tentez déjà de faire de votre mieux, les adaptations peuvent certainement vous pousser à la limite de votre zone de confort, et c'est la raison pour laquelle la peur peut réapparaître — le monstre du RPP sait que vous êtes nerveux. Vous devez la surmonter et développer vos compétences malgré cela.

Plus vous vous entraînerez à parler en public, plus vous vous améliorerez. Rappelez-vous qu'il n'y a pas de menaces réelles à être nerveux. Il n'y a pas de véritables tigres. Accordez-vous un peu d'espace pour ressentir cette nervosité, l'accepter et l'apprivoiser. Vous apprendrez à maîtriser l'art de parler en public et cela fait partie du plaisir! L'acquisition de nouvelles compétences favorise notre santé mentale et notre sentiment de bien-être. Alors, amusez-vous. Exercez-vous jusqu'à ce que votre voix devienne irritée. Adoptez des postures de puissance. Imaginez-vous en train de vous adresser à des centaines de personnes et d'inspirer une foule. Si vous effectuez toutes ces actions, vous découvrirez que vous êtes déjà la personne que vous cherchiez à devenir — il vous suffisait d'affiner ces compétences. Comme l'a déclaré Bruce Lee : « Il ne suffit pas de savoir. Il faut l'appliquer. Il ne suffit pas de vouloir. Il faut agir. »

Croyez en Vous

C'est une phrase que nous avons tous entendue : *croire en soi*. Depuis que vous êtes tout petit, les gens le répètent. On la retrouve sur les affiches, dans les films et dans les livres. C'est une phrase galvaudée qui, à l'heure actuelle, ne semble plus avoir beaucoup de sens, sauf pour les professionnels qui pratiquent ce genre d'exercice. Contrairement à l'athlète dont les parties du corps peuvent se détériorer, la pratique constante de la confiance en soi ne fait que la renforcer. Trouvez un individu en paix avec lui-même et observez la réaction du public face à cette confiance. Vous pouvez être le même type d'orateur dynamique.

La Comparaison Mine la Confiance

Supposons que vous deviez prendre la parole lors d'une conférence. Le risque est que vous, avec votre message et un ensemble particulier de compétences oratoires, deviez succéder à un superhéros dynamique de l'art oratoire. Si le public a réagi favorablement à l'intervention de cet individu, vous risquez de vous décourager avant même de monter sur scène, craignant de ne pas être à la hauteur. N'oubliez pas qu'il est trop tard pour comparer vos notes et vos supports visuels aux siens, et tant pis si ses répliques faisaient systématiquement rire le public. Le doute de soi survient lorsque nous nous comparons aux autres. Ne vous leurrez jamais en imaginant qu'une personne est meilleure que vous parce que vous croyez qu'elle l'est. Vous êtes unique et votre présentation mérite d'être entendue. Votre voix a une valeur. Personne ne peut vous l'enlever, sauf vous. Cessez les comparaisons, concentrez-vous sur votre propre travail et tenez-vous prêt en sachant que vous avez un message original à communiquer.

Adoptez l'Attitude de la Gratitude

Lorsque vous commencez à intégrer la gratitude dans votre vie, vous pouvez remarquer des changements subtils dans votre attitude quotidienne. Ces changements sont d'abord minimes, puis s'amplifient progressivement au fur et à mesure que vous vous entraînez. Vous vous demandez probablement ce que la gratitude a en commun avec votre capacité à croire en vous. Je sais que ces deux aspects semblent distincts, mais ce n'est pas le cas. La capacité à manifester de la gratitude pour les modestes détails de votre vie contribuera à vous sortir d'un état d'apitoiement sur vous-même. Non seulement cela vous aidera à développer une attitude positive, mais vous découvrirez que vous ne vous résumez pas à vos aspects négatifs. C'est essentiel pour créer de la satisfaction dans votre vie.

Vous pouvez noter plusieurs aspects pour lesquels vous êtes reconnaissant le matin et commencer votre journée. Vous pouvez également choisir de le faire avant votre prochaine intervention en public. Si vous sentez que vous êtes nerveux, vous pouvez commencer à dresser une liste mentale des raisons pour lesquelles vous êtes reconnaissant. Cette liste peut porter sur le lieu que vous avez réservé, votre travail ou même la tenue que vous portez. Non seulement cela vous aidera à vous détendre, mais vous vous rendrez compte que vous méritez d'être là — grâce à votre gratitude.

Une Célébrité qui a Trébuché, Mais Qui S'est Relevée — Profil de Steve Harvey

Il est charmant, divertissant, et il est animateur d'un talk-show télévisé. C'est un nom connu de grand public qui a écrit des livres et s'est adressé à des foules pendant la plus grande partie de sa carrière. Pourtant, un soir, il a commis une erreur qui a fait le tour du monde. Lorsque Steve Harvey a accepté d'animer le concours *Miss Univers* en 2015, il ne s'attendait pas à commettre une erreur catastrophique. En annonçant la gagnante, il a accidentellement prononcé le mauvais nom de la candidate. De façon impromptue et en direct à la télévision, Harvey a reconnu son erreur, s'est excusé et a annoncé le nom corrigé de la gagnante, en se reprenant de l'erreur devant un public international.

Les semaines suivantes allaient être les plus difficiles de la carrière de Steve Harvey. Les tabloïds du monde entier publiaient son erreur en grosses lettres noires. Dans les semaines qui ont suivi, Harvey s'est retrouvé la risée des chaînes d'information et des humoristes. Sa gaffe a été publiée à plusieurs reprises sur la couverture des magazines, pour que le monde entier puisse la remarquer. Même sa famille n'a pas été épargnée, en recevant des menaces de mort à cause de l'erreur de Harvey sur scène. Bien sûr, cette situation a plongé Harvey dans une position qu'il n'avait jamais connue auparavant.

Après avoir reconnu son rôle dans l'annonce erronée, Harvey a entrepris, l'année même, de tirer profit de son erreur, provoquant ainsi un nouveau tollé. Au lieu de s'enfoncer dans l'humiliation, Harvey a animé le concours *Miss Univers* l'année suivante et a plaisanté sur sa situation embarrassante. Il a extirpé toute sa peur, l'a enfermée dans une bouteille, l'a laissée de côté pendant 12 mois et est remonté sur scène. Courageusement, Harvey a fait des plaisanteries sur lui-même tout au long d'un spectacle impeccable. L'une de ces blagues consistait en un sketch dans lequel l'ancienne Miss Univers livrait une paire de lunettes de lecture sur la scène avant sa grande annonce. La bonne humeur, le courage sous les feux de l'action et la force professionnelle ont permis à Harvey de mettre tout ce scandale derrière lui. Il s'en est sorti parce qu'il est remonté sur la scène où il avait commis son énorme bévue, qui a failli ruiner sa carrière.

CHAPITRE QUATRE

Bâtir des Compétences en Communication

Vous ne pouvez pas devenir un orateur renommé sans être capable de communiquer avec votre public. En vous adaptant, en vous rapprochant de votre public et en l'enthousiasmant, vous deviendrez le meilleur conférencier qui soit.

La Communication Est une Question de Connexion

Pensez à un ami proche. Qu'est-ce qui fait de vous des amis ? Est-ce que ce sont les activités que vous faites ensemble ? Peut-être aimez-vous les mêmes groupes de musique ? Permettez-moi de répondre à cette question, car je suis persuadé que vous pensez déjà comme moi : bien sûr que non ! Ce qui nous pousse à nous intéresser aux gens, aux choses et aux situations, ce *n'est pas* la chose elle-même, mais souvent le lien que nous avons avec elle. En effet, il se peut que vous entendiez une certaine chanson et que vous la trouviez agréable. Mais la plupart du temps, c'est le fait de se sentir lié à cette chanson au moment même.

Quelque chose vous touche dans cette chanson. C'est ce qui fait un grand orateur. Si vous parvenez à vous rapprocher de votre public, et je pèse mes mots, à vous *rapprocher* vraiment d'eux, alors votre présentation sera réussie.

Mais comment pouvez-vous vous sentir connecté à de parfaits inconnus ? Ce n'est pas comme si vous alliez prendre un verre avec eux après la réunion et parler de la série télévisée que vous regardez tous les deux. Il s'agirait certainement d'un lien, mais il ne serait pas attribuable à votre présentation. Vous devez pouvoir établir un rapport avec eux à partir de la scène — ce qui est encore plus complexe à réaliser.

Comment S'adapter à un Public

Il vous est déjà arrivé d'avoir envie de vous enfouir dans un terrier à cause d'une parole que vous aviez dite ou d'un acte que vous aviez commis. Il peut s'agir d'une mauvaise blague devant un groupe d'amis ou d'un mauvais calcul de monnaie pour un client. Quoi qu'il en soit, vous savez quoi ? Nous sommes tous passés par là ! Surtout quand il s'agit de faire une mauvaise présentation. Qu'il s'agisse de votre enfance, ou même aujourd'hui, il est probable que vous ayez été obligé d'assister à une présentation qui vous a presque endormi ou qui vous a fait envisager de quitter en courant, tellement vous vous ennuyiez. Il y a plusieurs raisons pour lesquelles ces présentations étaient si mauvaises. Il se peut qu'elles aient été trop exagérées pour essayer de vous vendre quelque chose, que la personne qui les a animées n'ait pas eu de charisme ou qu'elles aient duré une demi-heure de plus qu'elles ne le devraient. Cela n'a pas vraiment d'importance. Vous êtes demeuré assis là, souhaitant pouvoir récupérer le temps qui vous était imparti.

En tant qu'orateurs, nous voulons certainement éviter de punir notre public comme nous l'avons été. Heureusement, ces présentations punitives sont rares. Dans la plupart des cas, lorsqu'elles se produisent, c'est parce que l'orateur n'a pas su adapter sa présentation à son auditoire. Les compétences en matière d'expression orale peuvent être une véritable source de mauvais résultats mémorables. Par exemple, lorsque vous étiez plus jeune, l'un de vos camarades de classe marmonnait peut-être un mot sur deux, parlait beaucoup plus longtemps que nécessaire ou ne rendait pas le sujet intéressant en y ajoutant un peu de passion et de connaissances. Qu'est-ce qui fait la différence dans ce cas ? C'est le manque de divertissement pour les jeunes. Un groupe de jeunes étudiants n'a pas envie de se contenter de rester assis aussi longtemps à écouter quelqu'un qui n'a pas de voix ! Bien sûr, c'était affreux.

Mais vous, le chercheur de talents oratoires, n'êtes pas ce présentateur bredouille, maladroit et effrayé. Gardez tout de même ceci à l'esprit : *l'art oratoire ne concerne pas que vous. Il s'agit surtout du public.* Maintenant, répétez cette règle plusieurs fois jusqu'à ce qu'elle soit bien ancrée, car elle est essentielle à la réussite d'un discours ou d'une présentation.

Rencontrez-les Avant

Pour le bien de votre public et le respect éventuel qu'il accordera à votre message, adaptez les points ci-dessous. D'ailleurs, ces compétences professionnelles en matière de relations fonctionnent également dans la vie de tous les jours et dans les relations interpersonnelles. Tout d'abord, sachez qui est votre public. Quel que soit le type d'intervention publique que vous faites, vous devez en apprendre le plus possible sur vos destinataires. Cela signifie que vous devez les connaître. Ce n'est qu'ainsi que votre discours ou votre présentation répondra à leurs besoins et les captivera. Nul n'attend de vous que vous traquiez leurs profils sur les médias sociaux, soyez simplement un observateur attentif. Si possible, effectuez des recherches sur le groupe auquel vous vous adressez et découvrez pourquoi ces gens s'associent les uns avec les autres. Si les circonstances sont plus personnelles et que l'occasion se présente, présentez-vous à leur porte. Ainsi, si vous n'êtes pas certain du type de public auquel vous vous adressez, un contact visuel et quelques mots de bienvenue peuvent vous aider à évaluer l'origine et l'âge de l'auditoire au moment où il entre dans la salle.

Parlez leur Langage

La façon dont vous vous exprimez doit être guidée par les personnes auxquelles vous vous adressez. Par exemple, la façon dont vous parlez à votre patron sera très différente de la façon dont vous parlez à vos amis dans un café. Lorsque vous parlez en public, le contexte de l'auditoire peut dicter le langage, le ton et le choix des mots. Ainsi, vous ne parlerez pas de la même façon à un groupe de professeurs à la retraite qu'à un groupe d'étudiants en métiers de la construction. Si vous parvenez à cerner votre public, vous trouverez votre voix en vous adressant à lui. Vous pourrez alors adapter votre ton, ce que vous direz et la manière dont vous le formulerez. Vous pourrez ainsi peaufiner votre présentation jusqu'à la perfection. Cela vous aidera à définir le type de vocabulaire que vous utiliserez. Si vous n'êtes pas certain de votre cible démographique avant de commencer votre présentation, formulez des affirmations générales, mais définissez quelques points clés à adapter. Une partie de ce travail peut être réalisée à l'aide d'une enquête de participation de l'auditoire. Faites participer le public à votre présentation en lui posant des questions rhétoriques non menaçantes pour lesquelles il peut lever la main pour indiquer leurs préférences de réponses. En demandant au public de participer à des sondages sur papier après le spectacle, vous pourrez recueillir des données que vous utiliserez pour adapter vos futures présentations. L'idée principale est d'établir des liens avec le public sans être intrusif. L'avantage supplémentaire est que la collecte d'informations encouragera le public à réfléchir à ce que vous lui présentez.

Découvrez-en Plus

En général, vous prendrez la parole dans un lieu précis. Si vous n'êtes pas familier avec la région et la population typique, vous pouvez demander à l'organisateur de vous parler du public qui se présente à l'événement. Cela vous permettra de savoir quelles sont les réactions habituelles et de connaître le type de personne qui fréquentent l'endroit. S'il s'agit d'une réunion professionnelle avec une autre agence ou un client, vous pouvez demander au responsable à quoi vous pouvez vous attendre. Vous pouvez vous familiariser avec eux à l'avance afin d'être mieux préparé. L'essentiel est de ne jamais craindre de demander. Cela ne peut que vous aider à long terme.

Apprenez à les Connaître

Il est impossible d'établir un lien avec certaines personnes sans les connaître formellement au préalable. Il existe une multitude de façons d'y parvenir. Vous pouvez simplement apprendre à les connaître après et pendant la présentation afin de savoir quel type de personne est intéressé par votre sujet. N'hésitez pas à poser des questions au public, à créer un sondage ou à vous présenter si des personnes vous attendent après la présentation. Cela fera toute la différence et vous permettra de mieux vous acclimater devant eux. Vous pouvez également choisir l'option qui convient le mieux à votre présentation et celle avec laquelle vous vous sentez le plus à l'aise. La présentation leur semblera également plus personnelle, car ils seront désormais intéressés par votre sujet et seront donc plus réceptifs pendant que vous parlerez.

Le Public Souhaite Que Vous Réussissiez

La foule est souvent considérée comme l'ennemi lorsqu'il s'agit de prendre la parole en public, et elle peut être accablante lorsqu'on monte sur scène. Je suis certain que vous avez déjà entendu ce conseil stéréotypé qui est donné à propos de la foule : imaginez-la nue. Eh bien, *ne* faisons *pas* cela. En effet, parler en public peut être terrifiant. C'est comparable à s'approcher d'une guillotine. Il y a toujours l'idée que nous allons être jugés à la minute où nous nous présenterons devant tous ces yeux. Toute erreur restera à jamais gravée dans les mémoires. Heureusement, ce n'est pas toujours le cas.

Vous seriez surpris d'apprendre que votre public n'est pas toujours hostile à votre égard. Certains veulent se divertir, tandis que d'autres sont là pour apprendre. Ils ne veulent pas que vous vous trompiez devant eux, au contraire. Ils souhaitent vous voir réussir. C'est l'inverse de ce que nous apprennent généralement les films et les livres. En général, le personnage principal est rabaissé devant une foule, comme dans le film Carrie de Stephen King. La vie réelle ne se déroule pas de cette manière.

Je voudrais que vous vous rappeliez le moment où vous faisiez partie de ce public. Lorsque vous observiez l'orateur se tromper, vous ne vous moquiez pas automatiquement de lui. Il ne s'agit pas d'un spectacle de stand-up où vous pouvez chahuter le comédien pour qu'il vous remarque. Il s'agit d'un niveau complètement différent. La réaction typique face à une personne qui perd le fil de sa pensée devant une foule n'est pas de la réprimander. C'est plutôt le contraire — vous vous sentez désolé pour cet individu. On voudrait qu'il s'en sorte malgré tout et qu'il reprenne là où il s'est arrêté. Il y a un sentiment qui envahit toute la foule lorsque ce genre de situation se produit.

Pour vous adapter à votre public, vous devez donc vous rappeler qu'il veut vous voir gagner. Les gens sont là pour se divertir. Ils ne pensent pas à la façon dont vous allez échouer devant eux et au plaisir que la situation leur procurera. Je dirais même qu'ils vous soutiennent. N'y allez pas en pensant que vous vous dirigez vers une condamnation à mort. C'est tout le contraire. Vous y allez pour gagner.

La Communication Verbale

Qu'est-ce que la communication verbale? Il s'agit essentiellement de vos mots et de votre voix. Lorsque vous utilisez les deux avec fluidité, vous vous retrouvez comme un chef d'orchestre qui dirige une symphonie. Le choix des mots et le ton de la voix représentent la moitié de la bataille pour conquérir votre public. Physiquement, si votre voix représente cinquante pour cent de votre communication, cela peut suffire à accrocher les auditeurs, même si vos cinquante autres pour cent (langage corporel) ne sont pas à la hauteur.

Lorsque je fais référence à la voix et aux mots, je ne fais pas allusion à l'essentiel de votre présentation ou de votre discours. C'est un tout autre sujet. Lorsque je traite de la partie physique de la communication verbale, je parle de votre ton, de la vitesse de vos mots et du volume de votre voix. Chacun de ces éléments est essentiel pour parler en public, qu'un microphone soit à votre disposition ou non. Par exemple, si votre voix est trop basse et qu'elle ne se projette pas assez bien, il y a de fortes chances que certaines personnes ne vous entendent pas. De même, une mauvaise articulation, une prononciation peu claire, peut laisser le public perplexe et se demander pourquoi il s'est donné la peine de vous écouter. Par conséquent, les compétences verbales sont importantes — non seulement elles s'adressent à tous, mais une voix expressive et distinctive peut également retenir l'attention de votre public.

La Pause

Pause. Et continuez. Pause. Et continuez. Rien qu'en lisant ces mots, votre esprit crée automatiquement un arrêt et demeure en suspens. Lorsque vous vous adressez à un public, la même réaction se produit. Vous pouvez marquer des pauses pour produire un effet lorsque vous parlez, afin de tenir votre public en haleine. Il existe plusieurs types de pauses que vous pouvez utiliser pour obtenir de meilleurs résultats. La plupart de ces pauses peuvent être employées dans n'importe quel contexte — une présentation, un discours ou même simplement lors d'une réunion. Cependant, assurez-vous de les utiliser le moins souvent possible et de faire en sorte qu'elles soient courtes. Une pause intentionnelle pour l'effet, maintenue trop longtemps, devient une pause gênante, et ce n'est pas ce que vous souhaitez. Veillez à ce que les pauses n'excèdent pas 4 à 5 secondes. Si elles se prolongent, le cerveau de l'auditoire risque de se tourner vers de nouvelles distractions. Soyez assuré de connaître les raisons qui vous poussent à créer une pause :

– *Pause de réflexion* : Il s'agit d'utiliser une pause pour amener le public à réfléchir à ce que vous venez de lui dire. Pour ce faire, vous demandez à l'auditoire de réfléchir au sujet traité. Vous pouvez ainsi mentionner «Nous allons maintenant prendre une minute pour réfléchir à l'impact que cela aura sur vous. »

– *Pause dramatique* : Cette pause est utilisée lorsque vous cherchez à ajouter de l'effet à ce que vous avez déclaré. En général, elle est utilisée pour inciter le public à retenir son souffle et à renforcer la tension juste avant une phrase choc ou une déclaration dramatique.

– *Pause thématique* : Cette pause permet de passer d'un sujet à l'autre. Ne la prolongez pas trop si vous souhaitez simplement que votre public comprenne que vous passez d'un sujet à l'autre.

– *Pause visuelle* : Êtes-vous sur le point de présenter une illustration peu de temps après avoir parlé d'un autre sujet? Qu'il s'agisse du nombre de ventes réalisées sous forme de graphique ou d'une photo d'un objet lié à votre message principal, vous pouvez toujours marquer une pause entre deux présentations visuelles. Votre public pourra ainsi assimiler l'information avant que vous ne commenciez à en parler immédiatement.

Êtes-vous déjà allé au théâtre et, qu'au moment où le personnage effrayant est sur le point de surgir, tout le monde se tait, dans l'attente du moment fatidique? C'est ce qui se produit lorsque vous utilisez les pauses de manière efficace. Veillez à les incorporer pour créer une atmosphère de suspense dans la pièce.

Le Rythme

Votre sujet est important pour vous, qu'il s'agisse d'un thème professionnel ou informatif. Vous pouvez accentuer votre sujet et guider votre auditoire sans qu'il s'en rende compte, et ce, en ralentissant votre discours et en articulant vos mots. En ralentissant, vous maîtrisez votre nervosité et vous démontrez que vous avez de l'autorité sur le sujet traité. Il est agréable pour les auditeurs de modifier le rythme de la voix, ce qui leur donne le temps de réfléchir au sujet traité.

Ne vous précipitez jamais au point que le ton de votre voix s'intensifie sous l'effet de la tension. Les auditeurs perçoivent les mots prononcés rapidement comme des propos sans importance, commerciaux ou insignifiants, qui peuvent facilement être ignorés. En ralentissant, vous indiquez à votre public quelles informations sont les plus importantes, quelles déclarations sont les plus crédibles et quelles parties de la présentation sont les plus estimables.

L'Emphase

Vous pouvez obtenir une tout autre phrase en accentuant certains mots. Cela permet d'ajouter de la variété et de clarifier votre message principal auprès d'un plus grand nombre de personnes. Voyez ces exemples :

– L'*avenir* est entre nos mains.

– L'avenir est entre *nos* mains.

Par conséquent, insistez sur les thèmes clés de votre présentation. Votre emphase sera particulièrement importante dans vos remarques finales. C'est à ce moment que vous devrez résumer, motiver ou faire réfléchir votre auditoire. Vous pouvez obtenir des résultats très différents en changeant de ton par rapport à un mot particulier, alors assurez-vous de vous exercer à choisir le mot sur lequel vous souhaitez mettre une emphase.

La Tonalité

Le ton de la voix transmet des émotions, et vous souhaitez que celles-ci soient perçues clairement. Comme un acteur, vous devez pratiquer différents timbres, hauteurs et forces vocales en fonction de votre message. Par exemple, si vous voulez exprimer de la tristesse, vous pouvez baisser votre ton, ajouter un frémissement dans vos cordes vocales et chuchoter sur scène. Si vous souhaitez que tout le monde soit excité par votre sujet, vous pouvez augmenter le ton de votre voix en faisant résonner votre poitrine et en projetant votre voix jusqu'aux derniers rangs de la salle. D'une manière générale, surtout lorsque vous parlez de manière informative, n'oubliez pas de maintenir une tonalité agréable à écouter. Lorsque vous vous entraînez, la technologie moderne permet d'enregistrer la voix afin d'entendre la façon dont le public perçoit vos stratégies d'élocution. Vous pouvez procéder de cette manière si vous n'êtes pas convaincu d'avoir trouvé la bonne tonalité.

La Communication Non Verbale

Notre subconscient perçoit automatiquement le langage corporel. En fait, il y a même des gens qui sont capables de lire le langage corporel pour gagner leur vie. En effet, chaque personne, quelle qu'elle soit, a un langage corporel qui reflète de manière subjective ce qu'elle ressent et ce qu'elle fait. Cet aspect est extrêmement important, en particulier lorsque des gens vous observent. C'est pourquoi vous devez toujours garder à l'esprit que votre corps doit raconter une histoire, parallèlement à vos mots et à la manière dont vous les prononcez.

Il s'agit d'être maître de son corps. Même si vous paniquez intérieurement, vous pouvez agir de façon à ce que votre corps exprime une tout autre réalité! Vous pouvez vous concentrer sur certains aspects pour maximiser les effets de votre langage corporel sur votre public.

Les Mains

Passons à l'essentiel : vos mains. Vous devez vous exprimer avec vos mains. Des études ont démontré que les orateurs les plus populaires des conférences TED utilisaient environ 465 gestes de la main, soit près du double de ceux qui n'étaient pas aussi populaires. Alors, intégrez vos mains! Vous constaterez peut-être que ceux qui s'expriment avec leurs mains peuvent être un peu distrayants, ce qui est compréhensible, car ils sont souvent devant vous, et parlent en tête-à-tête. Cependant, le plus important, c'est que les gens ne vous quittent pas des yeux.

Non seulement les mouvements des mains vous permettent de mieux transmettre votre message, mais ils peuvent aussi être un excellent moyen d'attirer l'attention de votre auditoire sur des détails particuliers qu'il n'aurait peut-être pas remarqués. Par exemple, lors d'un mariage, la personne qui porte le toast garde généralement son verre à la main, prêt à tout instant. Cela permet à toutes les personnes présentes dans la salle d'anticiper le moment où elles lèveront leur verre pour porter un toast au couple. Il s'agit là d'un exemple social où le public comprend le langage corporel et les gestes.

Lorsque vous répétez votre présentation, incorporez consciemment un nombre suffisant de mouvements de la main pour que les yeux du public restent rivés sur le tableau durant votre présentation ou sur votre visage lorsque vous souhaitez exprimer un point important. Utilisez les gestes de vos mains pour souligner vos paroles et vous constaterez que parler en public vous semblera encore plus naturel.

Les Yeux

Le maintien du contact visuel est probablement le conseil le plus important qui soit donné à toute personne désireuse de maîtriser la prise de parole en public. Le contact visuel peut également être la tactique la plus complexe à maîtriser pour les orateurs timides. La confiance émane d'un contact visuel direct, c'est pourquoi les nouveaux orateurs devraient repérer les regards amicaux lors d'un balayage rapide de l'auditoire et s'adresser à eux. L'impact de ce contact individuel se répercutera sur les auditeurs alentour, ce qui maintiendra leur attention. De plus, votre regard, lorsqu'il est judicieusement posé, peut amener les auditeurs qui ne sont pas attentifs à votre message à s'y intéresser à leur tour. Après tout, si vous fixez le sol tout au long de votre présentation, vous constaterez que votre auditoire s'ennuiera rapidement.

Les yeux communiquent les intentions des gens, car ils sont parfois la partie la plus expressive de notre visage. Lorsque nous établissons un contact visuel, nous supposons automatiquement que la personne à qui nous parlons possède une confiance égale à la nôtre. Cette remarque s'applique aussi bien à l'orateur qu'à l'auditeur. Vous devez garder le contact visuel à l'esprit, même si vous vous adressez à un large public. Balayez-les du regard et observez leurs expressions. Reconnaître leur présence peut être un excellent moyen de garder leur attention.

Comme pour la plupart de nos communications non verbales, les orateurs expérimentés établissent le contact visuel de manière in-conscient. Parmi nos interlocuteurs les plus familiers, nous planifions rarement nos interactions oculaires. Par exemple, lorsque vous êtes en colère contre quelqu'un, vous pourriez plisser les yeux. Lorsque vous voyez quelqu'un contrarié de la sorte, vous n'avez même pas besoin d'observer l'expression de son corps — tout ce dont vous avez besoin, c'est de lire son regard. C'est pourquoi, en tant qu'orateur, vous devez maintenir un contact visuel adéquat. Gardez un regard franc et ouvert pour que l'auditoire ait l'impression que vous ne le jugez pas et que vous n'êtes pas hostile à son égard. Qui a besoin d'une salle remplie d'auditeurs contrariés ?

La Posture

Regardez-vous dans un miroir et tenez-vous comme vous le faites normalement. Il s'agit de votre posture habituelle, et bien qu'elle soit agréable pour vous, ce n'est pas la posture que vous devez adopter lorsque vous vous adressez à un public. Lorsque vous vous tenez devant une foule, il est préférable d'adopter *une posture d'orateur*.

Dans l'idéal, un orateur de qualité se tient debout, la poitrine rele-vée et le dos droit. Vous devez vous tenir légèrement penché vers le public, comme si les personnes présentes dans la salle vous tiraient par le cœur. Une posture qui se veut ouverte et acceptante consiste à ne pas être trop rigide! Vous devez utiliser tout votre corps pour communiquer avec votre public, alors entraînez-vous à adopter cette posture avant de monter sur scène. Celle-ci donne souvent de l'autorité et de l'assurance, ce qui est parfait pour parler en public.

L'Énergie

Une présence énergique ne signifie pas que vous devriez faire des sauts périlleux avant votre présentation ou divertir la foule comme une pop-star. Au contraire, cela signifie simplement que vous devez garder un ton léger dans votre voix et bouger. Si vous vous déplacez pendant votre présentation, ne serait-ce que légèrement, vous attirerez l'attention de ceux qui n'ont peut-être pas été attentifs.

Lorsque vous êtes plus énergique, les gens vous perçoivent naturellement comme une personne chaleureuse et accessible, ce qui facilite leur contact avec vous et votre message. Une énergie débordante, c'est comme si vous regardiez la foule et que vous lui hurliez «ÉCOUTEZ-MOI!» sans pour autant le prononcer à haute voix.

Il existe des moyens éprouvés pour vous énergiser avant une présentation.

Certaines personnes, comme le grand orateur Tony Robbins, se livrent à un exercice physique avant de monter sur scène. Je ne vous conseille pas de courir un marathon, mais vous pourriez effectuer quelques mouvements de saut avant le début de votre présentation pour accélérer votre rythme cardiaque — d'une tout autre manière que celle que vous procurera la nervosité. Robbins préfère sauter sur un trampoline de jogging tout en inspirant et en expirant rapidement pour stimuler sa circulation sanguine. Quelques pompes vous donneront un regain d'adrénaline et vous feront oublier la foule avant le début de votre prestation.

Si vous avez de la difficulté à maintenir votre énergie pendant votre présentation, relancez l'auditoire en racontant une histoire qui vous tient à cœur. Toute anecdote qui suscite une émotion vous aidera à augmenter le côté dramatique de votre présentation et à donner de la profondeur à votre voix. Promenez-vous de temps en temps devant le public, ce qui permettra aux spectateurs de se concentrer à nouveau sur vous.

Rappelez-vous que vous devez être conscient de votre énergie lorsque vous vous exprimez. Le public peut la ressentir et celle-ci doit être revigorante pour maintenir son intérêt.

La Communication ! À Qui Sert-elle ?

La réponse est simple : la communication est destinée à votre *public*. Elle s'adresse à ceux qui vous ont accordé leur temps et qui écoutent vos moindres paroles. Si vous voulez devenir un maître de l'art oratoire, vous devez d'abord savoir que la communication est un atout essentiel à maîtriser. Il est facile d'affirmer que tout est question de langage corporel et de ton, mais c'est encore bien plus que cela. Le fait d'être reconnu par les gens grâce aux présentations que vous donnez, et de bénéficier d'une réputation de communicateur hors pair peut déterminer le succès ou l'échec de votre carrière.

La communication permet de convaincre les gens, de les influencer, de les motiver et de nouer des relations. Elle peut facilement franchir les barrières linguistiques et culturelles. Le développement de vos compétences en communication est essentiel pour mener une vie épanouie et ne doit jamais être négligé, même si vous vous y consacrez uniquement pour maîtriser la prise de parole en public. C'est bien plus que cela ! Après tout, de nombreuses personnes ont recours à la communication pour améliorer leurs relations et transmettre des informations.

Vous devez toujours garder à l'esprit que la communication est un processus à double sens. C'est pourquoi votre capacité à communiquer efficacement est primordiale. J'ai évoqué l'écoute plus tôt dans ce chapitre. En effet, la communication est une voie à deux sens. Vous devez être capable d'écouter votre public, même lorsqu'il n'utilise pas de mots, et de cette façon, cela devient une expérience partagée entre vous et toutes les personnes présentes dans la salle. Lorsque vous arrivez à la conclusion de votre présentation et que les réactions du public font partie du plan, le fait d'écouter réellement leurs questions ou leurs préoccupations et d'être en mesure d'y répondre correctement permet de conclure le temps passé ensemble sur une note positive. Il s'agit d'un processus en constante évolution entre vous et le public, et il convient de le considérer comme tel.

La Chanteuse Qui a Surmonté sa Peur, avec un Peu d'Aide — Profil d'Adèle

Vous serez probablement surpris d'apprendre que l'incroyable chanteuse Adèle souffre de trac. Il s'agit pourtant d'une femme qui a chanté devant de nombreux publics, y compris lors de cérémonies de remise de prix. Elle est certainement l'une des chanteuses les plus populaires au monde, et l'on pourrait croire qu'elle est habituée à ce que le public l'acclame. Pourtant, Adèle n'a jamais caché son trac et son anxiété.

La chanteuse s'est même déjà précipitée d'un escalier de secours plutôt que de faire face à la foule. À une autre occasion, elle a admis avoir vomi sur une personne avant de monter sur scène. Pourtant, malgré son trac d'avant spectacle, Adèle monte sur scène. Mais qu'est-ce qui l'a aidée ?

Vous allez être surpris d'apprendre que la chanteuse a avoué qu'une autre chanteuse l'avait aidée à lutter contre son trac. Il s'agit d'une personne qu'elle admirait avant de devenir elle-même célèbre. L'histoire raconte que lorsqu'Adèle était sur le point de rencontrer Beyoncé pour la première fois, la timide interprète a failli avoir une crise de panique. Cependant, lorsqu'elle s'est retrouvée face à face avec Beyoncé, la méga-vedette s'est extasiée devant elle : « Vous êtes incroyable ! Quand je vous écoute, j'ai l'impression d'écouter Dieu. »

Parfois, ce sont les paroles bienveillantes des personnes que nous estimons qui nous donnent la confiance nécessaire pour nous présenter devant les autres et donner le meilleur de nous-mêmes. Si vous avez le trac, adressez-vous à quelqu'un en qui vous avez confiance et demandez-lui son avis. Vous découvrirez peut-être que quelques paroles aimables peuvent vous aider lorsque vous vous sentez anxieux.

CHAPITRE CINQ
Rédiger des Discours Percutants

Peu importe si vous êtes le meilleur orateur du monde, si vous ne disposez pas d'un sujet bien documenté et bien rédigé, vos progrès seront vains. Un discours médiocre, même s'il est bien récité, ne touchera pas le public. On ne s'en souviendra pas. J'irais même jusqu'à affirmer qu'il laissera un sentiment de vide à votre auditoire.

Vous devez monter sur scène en étant conscient que vous avez fait tout ce qui était en votre pouvoir pour vous préparer. Vous devez entrer en scène en sachant que vous parviendrez à captiver votre auditoire — et je sais que vous y arriverez! Il existe de nombreuses techniques que vous pouvez utiliser pour vous assurer que le public auquel vous vous adressez s'accrochera à chaque mot et commencera à s'intéresser à ce que vous présentez.

Les Piliers d'un Discours

L'élaboration d'un discours est un processus ardu, et vous devez procéder de manière appropriée. C'est pourquoi je vais d'abord vous présenter ce que vous devez garder à l'esprit. Vous pourrez vous inspirer de ces piliers du discours, car ils se rapportent au public et vous aideront à préciser le type de discours que vous souhaitez rédiger pour communiquer votre message principal. Je suis convaincu que lorsque vous appliquerez l'un ou l'autre de ces principes, voire tous, vous constaterez rapidement une différence dans la manière dont votre public vous écoutera.

Persuadez

Nous pensons généralement que la persuasion est une mauvaise pratique. J'irais même jusqu'à affirmer qu'il s'agit d'un mot qui évoque la manipulation. La persuasion a mauvaise réputation et ne devrait pas être considérée comme étant un terme péjoratif. Lorsque vous tentez de persuader quelqu'un, après tout, il s'agit d'une tentative d'influencer une personne pour qu'elle prenne une décision. Vous l'utilisez pour faire changer les gens d'avis et, lorsqu'il s'agit de discours, il est généralement soutenu par des faits.

Vous pouvez parcourir l'internet pour en trouver un, mais il y a très peu de discours qui contiennent le moindre soupçon de persuasion. Or, celle-ci est utilisée plus souvent qu'on ne le pense, qu'il s'agisse de persuader son patron de nous accorder une augmentation de salaire ou de convaincre sa partenaire de s'entendre avec sa mère. L'avantage de la persuasion est qu'elle est fluide, et qu'elle ne se limite pas à une seule forme. Elle peut être adaptée à votre argument, quel qu'il soit, et n'est généralement pas aussi grossière que la manipulation, qui fait souvent appel à la planification et à la tactique pour forcer quelqu'un à changer d'avis.

Si vous voulez faire preuve de persuasion, vous devez fournir à chacun une justification pour qu'il change d'avis. Vous pouvez utiliser plusieurs techniques — réponses émotionnelles, logiques ou même faire appel à une raison personnelle tirée de votre passé. Vous devez connaître les deux côtés de l'argument afin de pouvoir les opposer de la meilleure façon possible. Vous pourrez ainsi leur présenter l'argument et les amener à considérer votre prise de position sur la base des raisons que vous aurez invoquées. Si quelqu'un n'est pas d'accord avec vous, vous aurez des arguments à opposer lors de la période de questions à la fin de votre présentation.

Divertissez

Je suis persuadé que vous aimeriez rendre votre discours divertissant quoi qu'il arrive, et je suis certain que vous y parviendrez! Cette partie porte sur les discours qui sont principalement axés sur cet aspect. Le but est également de vous aider à comprendre la façon dont vous pouvez rendre votre discours un peu moins ennuyeux. Si vous estimez que votre sujet est insipide et fastidieux, vous pouvez l'agrémenter de quelques éléments de distraction.

Un discours divertissant est souvent utilisé pour surprendre votre public et attirer son attention, tout en lui transmettant votre message principal. Lorsque vous vous concentrez sur le divertissement, votre façon de parler sera différente de celle d'un discours informatif ou persuasif. Par exemple, rappelez-vous un dernier discours divertissant que vous avez entendu. En général, nous pouvons nous remémorer les toasts portés lors d'un mariage ou lorsqu'une personne reçoit un prix. L'humour n'est pas le seul élément à considérer. Il importe d'utiliser votre voix de manière à enthousiasmer l'auditoire.

De nombreuses personnes pensent que les discours divertissants peuvent être prononcés spontanément. Il suffit d'ajouter un peu d'humour, peut-être des gestes et des histoires amusantes, et tout le monde se mettra à rire. Mais ce n'est pas le cas. Lorsque les gens agissent de la sorte, leurs discours risquent de s'essouffler et l'auditoire se retrouvera dans un silence gênant. Vous devez préparer un discours divertissant avec autant de soin que n'importe quel autre discours.

Vous devez être plus ouvert dans votre langage corporel et utiliser un langage verbal plus simple. Veillez à conserver une certaine légèreté en changeant le ton de votre voix (nous y reviendrons plus tard). Vous pouvez également introduire de petites touches de divertissement dans les discours les plus sérieux pour leur donner un peu de vitalité. Vous n'avez pas à vous sentir obligé d'être divertissant — personne n'attend de vous que vous sortiez une guitare et que vous commenciez à chanter *Wonderwall*. Vous devez simplement garder à l'esprit que le divertissement peut émouvoir les foules grâce au côté dramatique, et c'est un aspect que tout le monde affectionne.

Informez

Les discours informatifs sont généralement destinés à des sujets un peu plus percutants, ou à ceux qui présentent des exposés sur des sujets particuliers. Ces types de discours portent sur des faits et doivent les transmettre à l'auditoire pour qu'ils soient facilement compréhensibles. En fait, vous informez votre public.

Les discours informatifs posent toutefois un problème évident : ils sont arides. Vous devez transmettre une quantité importante d'informations en peu de temps. Cela ne laisse pas beaucoup de place pour d'autres éléments. Il est donc facile d'endormir votre auditoire, malgré votre passion pour le sujet. Si vous estimez qu'il s'agit d'informations vraiment fastidieuses, vous devrez ajouter un peu de divertissement pour surprendre à nouveau votre public. Il est toujours recommandé d'incorporer des histoires, voire de personnaliser les informations afin que l'auditoire puisse s'identifier plus facilement au sujet.

Le discours d'information peut être accablant, car vous devez être très structuré pour rassembler tous les faits. Utilisez vos citations à bon escient et ajoutez des aides visuelles pendant votre présentation. Par souci de présenter toutes les informations dans le temps imparti, les supports visuels peuvent vous aider à regrouper un grand nombre d'informations en peu de temps, sans pour autant submerger votre auditoire. Vous pouvez également ajouter une anecdote tirée de votre propre vie et vous serez en mesure de respecter le temps alloué, à condition d'être bien préparé et de vous être exercé au préalable.

Il est toujours préférable de rendre un sujet intéressant, même s'il est ennuyeux. Ce que vous avez à communiquer est important ! Par conséquent, pour obtenir les meilleurs discours informatifs, il faut ajouter un peu de divertissement ou de persuasion. C'est l'un des piliers du discours qui a besoin du soutien des autres types, car, bien qu'il soit pertinent, il peut rapidement devenir terne.

Un Message Clairement Défini

Votre discours est votre message — assurez-vous qu'il soit bien défini. La façon dont vous le rédigez fait partie intégrante de la manière dont il sera perçu par l'auditoire et jugé important pour lui. Vous devez vous considérer comme l'initiateur d'une conversation et vous souhaitez que l'auditoire y prenne part. Si vous rendez votre message suffisamment accessible pour qu'ils le comprennent, tout en étant capable de vous y identifier, vous ne retiendrez pas seulement leur attention, mais vous les intriguerez.

Alors, comment définir un message ? Tout dépend de ce que vous essayez de transmettre, mais il s'agit d'un thème général qui peut être utilisé pour n'importe quel type de discours en public. Voici quelques questions qui peuvent vous aider à définir votre message :

– Qui est votre public ?

– Que voulez-vous qu'il apprenne ?

– Comment pouvez-vous adapter votre message à leur réalité, tout en demeurant fidèle au thème principal de la conférence ?

– Combien de personnes seront présentes ?

– Quelle est la limite de temps ?

Prenez tous ces éléments en considération lorsque vous déterminez votre message. Vous devez le rendre aussi clair que possible et ces questions vous aideront à déterminer vos points clés. Il est important que tous vos points soient des sous-ensembles du message que vous avez défini — c'est pourquoi il est si important d'en élaborer un, dès le départ.

Vous pouvez choisir de commencer votre présentation par votre message ou de le présenter après un certain nombre de points, afin que l'auditoire puisse savoir ce qui l'attend. Le choix de l'une ou l'autre option dépend de la nature de votre message. Vous devez être à l'aise avec le positionnement que vous ferez. Ne choisissez surtout pas une formule qui vous rendrait hésitant ! Si vous proposez votre message trop rapidement, et que vous vous égarez en cours de route, vous risquez de perdre votre public — soyez direct et faites preuve d'intelligence dans le choix du positionnement.

L'Ultime Commencement

Les premiers instants sont les plus importants! Des études ont révélé que la première impression ne dure que sept secondes. Le temps consacré à l'introduction est donc crucial pour conquérir votre auditoire. Il y a plusieurs façons de commencer une présentation ou un discours — celle que vous choisirez devrait vous mettre à l'aise, comme nous l'avons déjà mentionné. Il est à noter que chacune d'entre elles aura un effet différent sur votre public, et cet effet laissera une impression qui perdurera tout au long de votre présentation.

La Narration

Parler en public est une forme d'art, et utiliser vos paroles pour créer ou évoquer une histoire personnelle peut être un excellent moyen d'entrer en contact avec votre public. Il y a cependant une règle à respecter : n'interrompez pas, et je répète, n'interrompez pas votre discours ou votre présentation pour raconter votre histoire. Il est préférable qu'elle soit introduite de manière transparente, afin qu'elle ne détourne pas l'attention du public de votre message principal. L'option de raconter une histoire est une approche efficace, car, depuis l'enfance, nous sommes ravis d'entendre le début d'une histoire — assurez-vous qu'elle soit divertissante!

Par exemple : «J'étais comme vous autrefois, je n'étais qu'un adolescent. Je passais mes journées à sécher les cours et à fréquenter de mauvaises personnes. La drogue était omniprésente dans ce groupe, et cela m'a conduit à commettre des actes regrettables.»

Posez une Question

Tout d'abord, si vous débutez par une question, vous devez formuler une déclaration ou un scénario hypothétique. Non seulement vous ferez réfléchir les participants, mais vous attirerez aussi leur attention. Il s'agit d'une approche efficace, car elle implique l'auditoire dès le début de la présentation.

Par exemple : «On dit que seulement dix pour cent des gens dans le monde découvrent la clé du bonheur. Pour trouver son propre bonheur, il faut franchir un grand nombre d'étapes clés. Êtes-vous prêt à travailler pour que vous puissiez, vous aussi, atteindre un niveau de bonheur qui se répercute dans toutes les facettes de votre vie?»

Faites une Déclaration

Pour attirer l'attention d'une personne, rien de tel qu'une déclaration la concernant. Si vous cherchez à accrocher les gens sur chaque mot, vous pouvez choisir de formuler une déclaration qui se rapporte à chaque personne présente dans la salle. Cette affirmation ne doit pas nécessairement être négative, mais elle doit se rapporter à votre message principal et s'inscrire dans le cadre des recherches que vous avez effectuées. N'oubliez pas de mentionner la source que vous avez choisie, s'il s'agit d'une recherche. Vous ne voulez pas que le public croie que vous inventez des faits.

Par exemple : «Le réchauffement climatique est un phénomène qui ne ralentit pas. En fait, il nous affecte tous. La NASA a découvert que nous venons de connaître notre 16e année la plus chaude depuis 134 ans.»

Soyez Reconnaissant

C'est une excellente façon de commencer, car cela fait preuve d'humilité et de gratitude. Si vous vous adressez à une salle, vous devez remercier ceux qui l'ont organisée pour vous, ainsi que le public pour sa présence. Vous contribuerez ainsi à ce que les participants se sentent importants et enthousiastes à l'idée de la présentation à venir.

Par exemple, vous pourriez dire : « Pour commencer, j'aimerais remercier tous les participants pour leur présence aujourd'hui. Il est important pour moi que vous soyez là, et je remercie les responsables de la coordination d'avoir mis cet événement en place. Pouvons-nous applaudir tous ceux qui ont contribué à l'organisation de cette journée ? »

Complimentez

Cette attitude peut sembler superficielle, mais elle permet à chacun de vous considérer comme une personne disposée à écouter et à observer tous les participants dans la salle. En les complimentant, vous mettez l'accent davantage sur eux que sur vous-même, ce qui donne une excellente première impression.

Par exemple : « Pour commencer, j'aimerais vous exprimer tout le plaisir que j'ai eu à travailler avec vous au long de ces années. Je sais que cette présentation nous concerne tous, car j'ai appris à bien vous connaître pendant nos heures de travail. »

Faites Preuve d'Imagination

L'imagination est infinie — exploitez-la à votre avantage ! Cela permet à chacun de se sentir en cohésion et de visualiser une situation collectivement. De plus, cela vous permettra d'avoir un peu de répit avant de vous lancer dans votre présentation, et d'entrer en contact avec toutes les personnes présentes dans la salle.

Par exemple : «Imaginez que vous êtes devant votre patron et que vous venez d'apprendre que vous avez reçu une augmentation. Ressentez ce sentiment et ouvrez les yeux. Le succès est à la mesure de notre volonté. »

Le Plan de votre Discours

Cette partie sera intensive, mais je sais que vous en êtes capable! Après tout, une fois que vous aurez maîtrisé votre langage corporel et votre ton, vos mots seront la prochaine clé essentielle d'une présentation parfaite. Votre plan vous permettra d'être structuré et de saisir les principaux points de votre discours. C'est ce que vous devrez mémoriser avant de vous présenter devant votre auditoire. Je sais par expérience qu'un plan mal organisé peut rendre votre présentation particulièrement ardue.

Un plan comporte plusieurs éléments et chacun d'entre eux est dépendant de l'autre. Il est important d'assurer une transition adéquate entre les différentes parties afin de ne pas répéter les mêmes informations. Chaque point clé a son propre objectif et son espace. Vous trouverez ci-dessous quelques lignes directrices à suivre afin de vous assurer que votre plan est optimal pour votre présentation.

Présentez-Vous

Vous devez commencer par un coup d'éclat — ne manquez donc pas d'utiliser au moins l'un des concepts énumérés dans ce chapitre. Je souhaite que votre public soit impressionné dès que vous montez sur scène ou dès que vous entrez dans une salle de réunion. Quel que soit l'endroit où vous vous trouvez, vous devez commencer par une introduction percutante afin que tout le monde soit automatiquement à l'écoute. N'hésitez pas à utiliser certaines des introductions proposées dans ce chapitre et à les adapter à votre propre présentation.

L'introduction comporte un certain nombre d'éléments clés que vous devez respecter. Celles-ci sont énumérées dans l'ordre, puisqu'il s'agit des premières parties. Certaines sont facultatives, mais d'autres sont essentielles pour commencer votre discours. Chaque partie considérée comme facultative sera mentionnée. Suivez-les dans l'ordre et vous serez assuré d'obtenir une introduction parfaite.

Attirez leur Attention

La première phrase que vous prononcez donne le ton à la présentation. Elle est essentielle au déroulement de la suite, alors veillez à ce que votre première phrase ait un impact sur votre auditoire. Il est prouvé que vous avez moins de vingt secondes pour faire une première impression. Celle-ci ne peut plus être modifiée après cela, alors assurez-vous d'utiliser une phrase d'introduction qui reflète votre message principal, mais qui attire également l'attention de votre auditoire.

Établissez votre Crédibilité

Si vous vous adressez à un public inconnu, donnez-lui une raison de vous écouter. Dites-leur pourquoi vous êtes la personne la mieux placée pour leur parler du sujet. En leur expliquant vos connaissances ou en leur racontant une anecdote de votre vie personnelle, vous pouvez les amener à adhérer à ce que vous dites.

Message Principal

C'est à ce moment que vous introduisez le message principal de votre discours. Vous tenez à ce que les participants sachent pourquoi ils sont présents. C'est idéal si vous vous exprimez publiquement sur un sujet propre, en particulier sur une opinion. Si vous faites une présentation à vos collègues de travail, c'est là que vous leur indiquez l'objectif principal de votre recherche, qu'il s'agisse d'un nouveau produit ou d'un changement de politique dans l'organisme. Vous devez avoir un message principal et une bonne introduction. C'est sur cette base que vous construirez vos points clés.

Aperçu de la Présentation

Cette étape est facultative et peut vous aider si votre présentation est plus longue. Elle permet de poser les bases afin que les participants sachent ce qui les attend pendant la durée de la présentation. Vous pouvez placer une courte diapositive ou donner un aperçu de ce qui attend les participants. C'est particulièrement utile si vous avez une présentation plus longue sur un sujet complexe qui comporte une multitude de points.

Deuxième Partie — Points Clés et Sous-Points

La deuxième partie se situe directement après l'introduction. Assurez-vous que la transition entre l'ouverture et les points clés se fasse harmonieusement. Une fois que vous avez présenté votre idée centrale et votre message, vous pouvez passer aux points clés ou aux raisons pour lesquelles votre message central est ce qu'il est. Vous devez présenter principalement un point par diapositive, puis des sous-points qui vous aideront à le démontrer. Ceux-ci apporteront de la crédibilité à votre message. Veillez à ce que la deuxième partie soit surtout constituée de vos points secondaires. Ceux-ci vous aideront à maintenir l'attention sur votre message.

Vous pouvez utiliser autant de points clés que vous le souhaitez, mais étayez vos informations par des recherches et des citations appropriées! Si vous utilisez des statistiques ou des informations provenant d'une enquête, n'oubliez pas de mentionner leur origine. Il n'est pas nécessaire d'indiquer cette information dans le diaporama ou la présentation, il suffit de le préciser à haute voix.

Troisième Partie – Argumentez votre Message

Tout est dans le contraste! Si vous tentez de convaincre la foule de votre point de vue, assurez-vous d'utiliser des arguments contrastants et de les réfuter. Vous devez effectuer cette démarche avant la dernière partie de votre présentation, afin que les participants repartent avec l'impression que votre message principal est juste. Si vous utilisez ces arguments trop tôt dans la présentation, le public risque de les négliger, surtout si vous avez de nombreuses informations à lui transmettre.

Lorsque vous utilisez des arguments opposés dans votre présentation, vous vous apercevrez qu'ils captent l'attention de votre public. Cette méthode les étonnera et les incitera à s'interroger sur le sujet, d'autant plus que le recours à des points de contraste ajoute une dimension dramatique. Plus vous soutenez leur attention, plus ils se souviendront de votre message principal. L'utilisation d'arguments opposés ajoute également des faits à vos mots en les plaçant auprès d'idées différentes. Si vous donnez des exemples, vous aiderez tous les participants à mieux comprendre votre point de vue.

Un argument contrasté se compose de trois parties — la première est votre message principal, qui doit être le premier point abordé. Vous voudrez exposer toutes les raisons pour lesquelles les participants doivent tenir compte de votre message. La deuxième partie consiste à analyser le résultat et à expliquer pourquoi la méthode actuelle ne fonctionne pas. Enfin, vous terminerez par les aspects positifs de votre message et la manière dont il peut changer la situation.

Voici un exemple :

Étape 1 — *Il faut augmenter les impôts des nantis. Cela nous aidera à développer de meilleures communautés et à améliorer la qualité des logements et des produits de première nécessité dans nos régions.*

Étape 2 — *Si l'on ne taxe pas les riches, ils ne feront que s'enrichir. C'est une réalité : ils disposent d'un certain nombre d'actifs dont ils n'ont pas besoin.*

Étape 3 — *Si nous envisageons de taxer les plus nantis, vous constaterez que nous pourrions investir ces fonds dans différents domaines, tels que les écoles et les transports. Si nous agissons le plus tôt possible, nous pourrions voir les changements s'opérer plus rapidement.*

Je tiens à préciser qu'il ne s'agit là que d'un exemple. J'oppose deux points, tout en vous faisant réfléchir à mon message. Je vous présente des raisons, puis je les développe. Bien entendu, votre présentation ne sera pas aussi minimaliste, mais vous comprenez l'idée. Le contraste vous incite à vous interroger sur ce qui pourrait être approfondi et à vous demander si cette possibilité est envisageable. C'est la beauté du contraste des idées.

Quatrième Partie – Répétez pour les Personnes au Fond de la Salle

La quatrième partie se situe juste avant votre conclusion, qui devrait être une partie distincte. Vous pouvez la consacrer à un résumé de vos points clés et de votre message principal. Il s'agit d'une formule de base pour un discours ou une présentation, mais elle est toujours efficace. Vous pouvez la modifier légèrement, surtout si vous souhaitez créer une présentation unique.

Dans cette dernière partie, veillez à capter l'attention du public. Il s'agit de la conclusion, et vous souhaitez qu'ils quittent votre présentation en saisissant bien tout ce qu'ils viennent d'entendre. Par conséquent, si vous résumez une grande quantité d'informations, essayez de vous concentrer sur les points les plus importants et de les réduire au minimum afin qu'ils soient plus faciles à assimiler. Votre résumé doit être envisagé comme une forme d'explication.

Conclusion – Vos Derniers Mots

J'aimerais que vous pensiez à certains de vos films préférés. Qu'est-ce qui a vraiment attiré votre attention dans ces films? Pourquoi les avez-vous adorés? Pour certains, c'est la façon dont le film se termine. Lorsqu'un grand film atteint son apogée, tous les spectateurs se taisent. Je souhaite que vous puissiez terminer vos présentations et vos discours avec un tel sentiment. Il existe des moyens pour que vos derniers mots soient aussi mémorables que les premiers.

Par ailleurs, il peut arriver que votre message se perde dans le brouhaha du cœur de votre discours. Vous êtes-vous peut-être accidentellement égaré? Ne vous inquiétez pas. Vous pouvez terminer sur une bonne note et vous assurer que votre message principal sera le dernier élément que les gens retiendront en quittant la salle.

Mettez-les au Défi

Cherchez-vous à susciter l'action dans la foule? Si c'est le cas, nous savons tous qu'il n'y a rien de tel qu'un défi pour leur faire comprendre qu'ils doivent agir, eux aussi. C'est une sorte d'appel à l'action. Si vous commencez votre conclusion par votre message principal, dites-leur ensuite ce qu'ils peuvent entreprendre pour changer le résultat ou même leur propre vie.

Comparez

Si vous faites un discours concernant un sujet qui nécessite un rema-
niement, une bonne façon de le terminer est de comparer ce à quoi
vous vous opposez. Vous l'avez peut-être déjà fait dans la troisième
partie. Cependant, si vous cherchez à les convaincre de changer d'avis,
c'est un excellent moyen de le leur rappeler. Cela amènera l'auditoire
à s'interroger sur la validité de l'opposition. Par exemple, vous pouvez
affirmer que «soit nous détruisons la Terre avec le réchauffement climatique, soit nous construisons un avenir pour nos enfants.» Non
seulement vous renforcez votre message, mais vous laissez le public sur
une note de changement.

L'Heure de la Blague

Souhaitez-vous que les participants parlent de votre présentation en
quittant les lieux? Terminez-la par une touche d'humour. Rien de tel
que de conclure par une blague pour amener les participants à quitter
la salle avec le sourire. Vous pouvez choisir une blague qui contient des
aspects de votre message principal ou qui répète un point clé que vous
avez déjà abordé. Si vous optez pour cette conclusion, ne manquez pas
de pratiquer votre blague sur un ou deux amis afin de déterminer si
elle est réellement amusante. La dernière chose que vous voudriez faire
est de terminer votre discours par un silence et des bruits de grillons
dans la salle.

Merci, Merci

Je suis certain que vous savez déjà où je veux en venir! Vous voulez
indiquer clairement à toutes les personnes présentes dans la salle
que vous avez terminé. C'est une façon décontractée, mais humble
de clôturer votre présentation. Vous remerciez simplement le public

d'avoir écouté et participé — c'est une façon simple, mais efficace de conclure. Cette formule est connue depuis longtemps, mais elle ne se démode jamais, car les gens aiment toujours que l'on reconnaisse le temps qu'ils ont consacré à écouter votre message.

Stimuli Visuel

Avez-vous prononcé votre discours de clôture? C'est le moment idéal pour créer un impact sur l'auditoire. Pour ce faire, vous pouvez vous servir d'une image qui fait réfléchir le public. Sélectionnez-en une qui fait référence à votre message et qui incitera votre public à s'asseoir pendant une minute ou deux avant de partir afin de susciter la réflexion.

Le Magnat des Affaires Qui a Surmonté sa Peur – Profil de Warren Buffett

Il y a de fortes chances que vous ayez déjà entendu le nom de cet homme. Après tout, c'est l'une des personnes les plus riches du monde. En tant que PDG de Berkshire Hathaway et investisseur, il a probablement participé à plus de réunions et de présentations que nous ne le ferons dans toute notre vie. Et, il ne fait aucun doute que les gens lui font des propositions d'affaires tous les jours. En tant que chef d'entreprise, il a dû lui-même faire des présentations à d'autres personnes. Malheureusement, au début de sa carrière, Warren Buffet était terrifié à l'idée de parler en public.

Le magnat des affaires n'hésite pas à parler de son trac à ses débuts et de l'impact qu'il a eu sur sa carrière. On pourrait affirmer que s'il n'avait pas surmonté ses peurs, il ne serait peut-être pas devenu l'homme dont nous entendons tous parler aujourd'hui. Alors, comment a-t-il fait?

Vous serez peut-être surpris d'apprendre qu'il a suivi des étapes similaires à celles que j'ai décrites dans le livre que vous lisez en ce moment. Il a même admis avoir suivi un cours d'art oratoire, qu'il a abandonné parce qu'il était trop nerveux! Il ne fait aucun doute qu'il avait de nombreux obstacles à surmonter, et il y est parvenu étape par étape.

Le milliardaire s'est inscrit à un cours d'art oratoire et, après avoir obtenu son diplôme, il a commencé à donner des conférences dans un collège local. Ainsi, il s'est exposé à des situations où il aurait besoin de s'exprimer en public. Il a également entrepris sa préparation en solitaire, en s'efforçant d'acquérir l'état d'esprit qui lui permettrait de se tenir devant ce public sans gâcher son cours.

Bien qu'il ne s'en soit pas rendu compte, Warren Buffett a affronté ses peurs et s'est lancé dans l'aventure. C'est probablement grâce à cela qu'il est devenu le magnat des affaires audacieux qu'il est aujourd'hui. Il n'y a aucun moyen de le savoir, bien sûr, mais il a certainement parcouru un long chemin depuis ce jeune homme qui était trop terrifié pour se tenir devant un public.

CHAPITRE SIX
Concevoir une Présentation de Qualité

V ous pourrez utiliser le plan du chapitre précédent, afin de vous concentrer sur la première partie de votre présentation. Or, cette section est consacrée à la conception d'une présentation. Elle portera notamment sur les outils que vous pouvez utiliser, sur les illustrations de données et sur le choix des mots pour mettre votre message en valeur auprès de votre public. Je ne doute pas que votre présentation, après avoir utilisé certaines options de ce chapitre, surprendra votre auditoire.

Outils à Utiliser

Pour réaliser une présentation adéquate, il faut disposer du bon logiciel pour créer votre diaporama. La plupart des entreprises utilisent un programme de création de présentations très répandu : Microsoft PowerPoint. Il est synonyme de présentation, mais ce n'est pas votre seule option. J'ai répertorié ci-dessous plusieurs autres logiciels de présentation de diapositives qui pourraient bien répondre à vos besoins.

D'ailleurs, je n'ai inclus que des outils qui peuvent être téléchargés gratuitement.

Google Slides

Cette option en ligne est efficace lorsque vous devez travailler sur votre présentation depuis n'importe où. Vous n'avez pas besoin d'une clé USB ou d'un ordinateur particulier. Vous pouvez utiliser n'importe quel appareil, car votre fichier sera conservé sur votre compte Google. Cette option est également intéressante lorsque vous travaillez avec un groupe, car tous les membres peuvent contribuer à la présentation au fur et à mesure de sa conceptualisation, en autorisant les personnes à accéder au document.

Keynote

Êtes-vous un fan d'Apple ? Si c'est le cas, Keynote devrait devenir votre outil de travail préféré. En effet, ce programme est plus facile à utiliser avec iCloud, iOS et les appareils Mac. Comme beaucoup d'autres logiciels énumérés ici, il est facile de s'adapter à Keynote. Il est livré avec une variété d'options différentes, telles que l'utilisation sur plusieurs appareils, des effets spéciaux pour votre présentation et des thèmes uniques que vous pouvez personnaliser. L'un des inconvénients de ce programme est qu'il n'est accessible que sur les appareils Apple.

Logiciel de Diaporama Photostage

Ce programme est l'un des plus faciles à utiliser. Il permet de créer des diaporamas professionnels en toute simplicité et offre de nombreuses options d'édition. Comme la plupart des logiciels de diaporama, vous pouvez inclure des images, des éléments de transition et de la musique. Vous pouvez également transformer le diaporama en DVD, si nécessaire, ou le télécharger sur YouTube pour le diffuser facilement de n'importe où.

Movavi Slideshow Maker

Il s'agit d'un programme simple qui vous permet de créer des diaporamas personnalisés à l'aide d'un grand nombre d'options. Le véritable atout de ce logiciel réside dans les modèles de diaporamas prédéfinis et la bibliothèque de musique de fond, de filtres et d'effets spéciaux gratuits. C'est le programme que vous devriez utiliser si vous souhaitez créer une présentation avec davantage d'options de personnalisation. C'est le meilleur outil pour créer un diaporama unique.

Créez votre Diaporama

Qu'est-ce qui permet de créer un diaporama exceptionnel? J'aimerais que vous songiez à quelques éléments que vous remarquez immédiatement lorsque vous assistez à une présentation. Est-ce l'attrait visuel? Est-ce le choix des mots? Peut-être la façon dont les informations sont présentées? Permettez-moi de vous préciser qu'il s'agit de tout cela à la fois. Il n'est pas aussi facile qu'on pourrait le croire de créer un diaporama qui, non seulement, présente correctement vos informations, mais qui est aussi esthétiquement attrayant. Il ne suffit pas de cliquer sur quelques boutons à l'écran pour que tout soit réglé d'un trait.

Vous pouvez suivre certaines étapes pour créer un diaporama digne de votre sujet, tout en étant esthétiquement réussi. Vous pourrez éviter le genre de présentation qui rebute les gens en suivant ces étapes, qui vous fournissent une ligne directrice. N'hésitez pas à l'adapter, mais sachez que vous devez respecter chaque étape et ne pas rejeter celles qui ne sont pas optionnelles.

Plan de la Présentation

Il va sans dire que vous devez toujours définir les grandes lignes de votre présentation avant de commencer à la concevoir dans le logiciel choisi. Après tout, vous devez connaître le contenu de votre présentation. Quelle que soit la quantité d'informations que vous désirez insérer dans chaque diapositive, si vous improvisez, il y a de fortes chances que votre présentation manque de professionnalisme. Pour élaborer un plan, il vous suffit d'écrire les informations que vous souhaitez inclure dans chaque diapositive et les répartir entre les différents sujets. Comme vous aurez déjà créé un plan pour l'ensemble de votre présentation, vous pourrez l'utiliser comme point de départ et placer les informations dans l'ordre dans le diaporama.

Voici un exemple de structure pour une présentation en diaporama :

1. Introduction

2. Message Principal

3. Proposition (ou Résumé)

4. Pourquoi Devraient-ils Considérer la Proposition (Points Clés)

5. Autres Motifs de Réflexion (Exemples de Points Clés)

6. Conclusion

7. Remerciements/Questions

Il s'agit d'une présentation de base. Chaque point ne comporte pas qu'une seule diapositive, car il peut y avoir plusieurs points clés ou motifs de réflexion sur votre sujet, en particulier s'il s'agit d'une déclaration comparative. Le nombre de diapositives n'a pas d'importance — assurez-vous simplement que l'information soit claire et concise sur chaque diapositive.

Le Ton

Vous devrez définir le ton en fonction du type de présentation que vous désirez offrir. Si vous optez pour un ton professionnel, par exemple, vous n'opterez évidemment pas pour un thème de bonhomme de neige. Vous devrez également utiliser un vocabulaire lié à votre domaine d'activité, quel qu'il soit. Si votre présentation est humoristique, il est préférable d'utiliser des couleurs plus vives pour que votre public sache immédiatement à quoi s'attendre. Vous ne devez pas craindre de recourir à un ton particulier qui serait différent de ce que l'on voit habituellement. Il s'agit de votre diaporama, alors rendez-le unique, tout en respectant le ton que vous avez choisi. Les réunions professionnelles peuvent être informelles, alors ne vous en souciez pas et faites en sorte que l'expérience soit agréable pour tous, même si les informations sont parfois arides.

Utilisez vos Points Clés

Vos points principaux doivent être au cœur de votre discours. Ils vous permettront non seulement de vous souvenir d'aspects spécifiques sur votre sujet, mais ils vous aideront à synchroniser correctement vos informations afin de ne pas dévier de votre sujet. Vous devez dresser une liste des points clés qui tournent autour de votre message principal, et intégrer des repères dans votre présentation afin de raviver votre mémoire, au cas où vous vous égareriez ou oublieriez un point précis. Lorsque vous examinez vos points principaux, vous devez les classer correctement, qu'il s'agisse d'une présentation professionnelle ou d'une conférence. Il est important de les intituler, puisque vous pouvez les présenter de manière sérieuse ou humoristique.

N'oubliez pas de les appuyer par des points secondaires. Nous y reviendrons plus tard, mais vous avez intérêt à ce que chaque point soit clarifié à l'aide d'informations appropriées. Vous pouvez ensuite utiliser ces données pour justifier votre message principal et prouver votre point de vue, quel qu'il soit.

Vos Supports Visuels Parlent pour Vous

Les yeux sont naturellement attirés par certaines couleurs, mais il ne s'agit pas de les placer où il vous semble. Lorsque vous créez un diaporama pour votre présentation, vous devez respecter des règles simples pour qu'il capte l'attention de tous. Après tout, nous ne jugeons pas toujours un livre à sa couverture, mais cette affirmation est valable uniquement pour les livres. L'apparence de votre présentation attirera l'attention de votre public, alors assurez-vous qu'il contient des images attrayantes à regarder.

Style Visuel

Vous pouvez utiliser un canevas, mais cette solution risque de paraître un peu paresseuse — en particulier si quelqu'un le reconnaît! Que Dieu vous en préserve. Il est donc préférable de créer votre propre modèle afin de pouvoir choisir votre propre style et vos propres couleurs. Une des erreurs à ne pas commettre est d'avoir plusieurs styles différents tout au long de votre présentation. Vous risqueriez d'attirer l'attention de votre auditoire pour de mauvaises raisons. Ce serait plutôt une source de distraction. Vous devez uniformiser vos diapositives et suivre le style que vous avez choisi. Par conséquent, veillez à ce qu'il soit cohérent sur l'ensemble du diaporama. Cela s'applique également aux zones de texte ou aux graphiques que vous pourriez utiliser — conservez la même palette de couleurs tout au long du diaporama.

Créez de l'Espace

Personne n'aime le désordre. Que ce soit sur votre bureau ou dans votre maison, il n'est pas agréable à regarder. Assurez-vous que vos diapositives ne soient pas encombrées! Une présentation est toujours plus efficace si son contenu est allégé. Vous devez vous servir de vos propres mots, et ne pas ajouter toutes les paroles que vous allez prononcer lors de la présentation de vos diapositives. Il est préférable que les personnes présentes dans la salle vous écoutent plutôt que de devoir lire vos diapositives durant la présentation, sinon vous auriez pu leur envoyer votre présentation par courrier électronique.

Les Couleurs ont la Cote

Voici l'un des principaux éléments de votre diaporama. En utilisant correctement les couleurs, vous découvrirez que le style s'harmonisera parfaitement. Si vous travaillez pour une entreprise, il se peut que vous puissiez employer des couleurs distinctives — utilisez-les à bon escient! Si vous souhaitez présenter une idée originale, choisissez des couleurs qui s'accordent bien et qui apportent un contraste. Essayez d'éviter les couleurs qui se ressemblent trop, comme l'indigo et le bleu marine. Votre diaporama doit être harmonieux. Par exemple, le bleu et le blanc ou des couleurs contrastées qui se complètent bien tout en demeurant agréables à l'œil.

Lorsque vous choisissez la couleur de votre police, vous devez vous en tenir à une couleur foncée qui permettra au public de la lire. N'utilisez pas de couleurs vives! Si vous utilisez une couleur claire sur un fond sombre, comme du jaune sur du noir, vous risquez de manquer de professionnalisme. Si vous tenez absolument à utiliser une couleur claire sur un fond sombre, utilisez du blanc comme police de caractères. Si la police est étroite, optez pour des caractères gras afin que l'image soit lisible. Évitez également d'utiliser un trop grand nombre de mots sur une seule diapositive. Le public ne peut pas lire aussi rapidement en vous écoutant et en vous regardant. Évitez la police rouge, qui donne l'impression que tout est erroné. Le rouge est la couleur typique pour marquer les erreurs, et les gens l'appliqueront inconsciemment à votre présentation.

Si vous n'êtes pas certain du nombre de couleurs à utiliser, il est toujours préférable de s'en tenir à une petite quantité. Essayez d'en utiliser seulement deux ou trois pour commencer — vous pourrez toujours en rajouter si vous avez l'impression que c'est un peu terne. Choisissez deux couleurs opposées, comme le blanc et le noir, puis une couleur secondaire pour ajouter une définition.

Graphiques et Diagrammes

Les graphiques sont un moyen efficace de transmettre des informations sans avoir à énoncer les chiffres ou à les énumérer, ce qui peut être fastidieux. Choisissez bien les couleurs et assurez-vous que les informations contenues dans les graphiques soient suffisamment claires pour que tous les participants puissent les comprendre simplement en les regardant. N'ajoutez que les graphiques qui sont importants pour le sujet traité — vous ne voudrez pas les submerger de données. Il est également préférable de ne pas ajouter trop de chiffres ou de texte à côté de votre graphique, car cela pourrait l'encombrer. Vous pouvez également préciser les détails du graphique, au lieu d'ajouter une quantité abondante de chiffres dans la diapositive.

Les graphiques à prendre en considération et leur utilisation optimale :

- Graphique en colonnes — ce graphique est le mieux adapté lorsque vous comparez plusieurs sujets. Vous pouvez ajouter quelques dates, produits ou options pour votre travail. Les informations que vous intégrez sont laissées à votre discrétion, mais l'utilisation de ce diagramme vous permettra de transmettre facilement les informations afin que chacun puisse voir les différences.

- Diagramme de dispersion — utilisez ce diagramme si vous comparez des chiffres, généralement liés à des ventes ou à un consensus. Si vous avez d'innombrables sujets, c'est la meilleure solution. Il est généralement utilisé pour comparer des lieux ou des dates, et pour les nombreux sujets dont vous disposez.

- Graphiques à colonnes empilées — les plus adaptés à la composition. Utilisez un maximum de quatre éléments de composition afin que le graphique n'apparaisse pas surdimensionné dans le diaporama.

Animations et Transitions

Soyez prudent lorsque vous utilisez des animations et des transitions ! Vous ne voudriez pas que votre diaporama manque de professionnalisme, ce qui pourrait se produire, surtout si vous ajoutez une quantité ridicule d'animations dans chaque diapositive. Vous devez utiliser les animations pour donner du style à votre diaporama et enrichir le contenu. Veillez à ce qu'elles ne soient pas distrayantes, mais qu'elles attirent l'œil et se fondent dans le diaporama sans effort. Si vous faites une présentation d'entreprise, allez-y doucement et ménagez les transitions. L'une des meilleures façons d'intégrer l'animation est de révéler les sous-points qui se rapportent à vos points clés ou de passer d'un sujet à l'autre pendant la transition des diapositives.

Trouvez les Mots

Il nous est tous arrivé d'assister à une mauvaise présentation. Permettez-moi de vous poser la question suivante : qu'est-ce qui, selon vous, constitue une présentation médiocre? C'est souvent dans les mots qui sont employés. Il ne s'agit pas seulement du moment où nous parlons, mais aussi de ce que nous regardons. En général, les présentations sont plus longues qu'elles ne le devraient et ne sont pas visuellement stimulantes.

Votre public, qu'il le sache ou non, est pointilleux sur le texte qui apparaît dans votre diaporama. Typiquement, ils réagissent mieux aux présentations qui offrent des images et un minimum de texte. Ils ont tendance à s'intéresser davantage à ces types de diaporamas. Vous ne souhaitez donc pas les bombarder d'une trop grande quantité d'informations. Si vous en laissez quelques-unes de côté, cela les incitera à vous poser des questions.

Vous ne voudriez pas vous retrouver avec un public qui a l'impression de lire un livre, alors sachez qu'il peut être accablé lorsqu'il est confronté à un mur de texte. C'est un peu comme essayer de lire une thèse — personne n'a envie de le faire. La confusion règne souvent, car les lecteurs s'attendent à écouter l'information plutôt qu'à la lire. Par conséquent, vous ne devez inclure que les informations nécessaires. Prévoyez du temps et de l'espace pour expliquer chaque partie de vos points clés.

C'est pour cette raison que vous devez vous concentrer sur votre message principal. Assurez-vous que chaque diapositive communique votre message en ajoutant des informations à ses points clés (c'est également pour cela qu'il est essentiel de tracer le plan de votre diaporama pour assurer le succès de votre présentation). Une fois que vous vous serez concentré sur votre message, il sera plus facile de le transmettre en utilisant moins de mots.

Alors, à vos plumes ! Vous devez vous débarrasser de toute information superflue. Terminez vos diapositives, puis, d'un œil critique, révisez-les de fond en comble. S'il y a des informations qui n'ont pas besoin d'être vues, supprimez-les. Vous pouvez toujours énoncer l'information plutôt que de la présenter sur la diapositive. Vous devez opter pour une présentation minimaliste — pensez aux puces, puis détaillez-les et ajoutez des graphiques informatifs pour que vos participants puissent comprendre s'il s'agit de chiffres.

Je sais à quel point il peut être ardu de réduire les informations, en particulier lorsque le sujet vous passionne, mais vous ne devez pas conserver de texte supplémentaire qui n'apporte pas une valeur à votre présentation. Laissez transparaître votre passion dans ce que vous exprimez, plutôt que dans ce que vous projetez à l'écran. Cela vous évitera également de répéter quoi que ce soit, car vous aurez les points à contrôler. Si vous exagérez dans la rédaction de votre présentation, vous risquez de vous répéter plusieurs fois sans le vouloir, ce qui donnera l'impression que vous n'y avez pas consacré suffisamment de temps.

Terminez en Beauté

Tout d'abord, vous devez rassembler tous vos éléments bien avant la date à laquelle vous ferez votre présentation. Cela vous aidera à vous préparer davantage et vous laissera suffisamment de temps pour vous pratiquer. Plus vous serez entraîné, plus votre présentation sera naturelle.

Votre message principal doit être essentiel pour vous et vous devriez y trouver des raisons d'en être captivé. Vous pouvez toujours feindre l'intérêt, mais vous risquez de perdre votre public. Il percevra que vous n'êtes pas vraiment intéressé, quel que soit l'enthousiasme que vous prétendiez manifester. Par conséquent, sélectionnez des sujets qui vous plaisent et qui intéresseront tous les participants à votre présentation. Cette remarque est valable pour vos titres, vos diapositives et vos supports visuels. Si vous êtes satisfait de l'ensemble, cela se reflétera sur l'auditoire.

Développez votre thème central et assurez-vous que votre présentation le reflète. Je suis persuadé que vous serez nerveux avant votre présentation — cela se produit chez les meilleurs d'entre nous. Mais si votre présentation est prête, que toutes les informations sont correctement rassemblées et que vous vous êtes donné le temps de répéter, il y a de fortes chances que vous vous démarquiez.

Comment un Géant du Golf A Vaincu son Bégaiement — Profil de Tiger Woods

Tiger Woods est un nom connu de tous et une légende vivante du golf. Il a également souffert d'un bégaiement qu'il a dû surmonter pour devenir la personne qu'il est aujourd'hui. Sa compétitivité, dans tous les aspects de sa vie, l'a aidé à surmonter ses difficultés à prononcer ses mots. Dans certaines interviews, son bégaiement réapparaît parfois.

Mais comment a-t-il réussi à vaincre son bégaiement? La réponse vous surprendra probablement. Ce n'est pas seulement sa capacité à travailler sans relâche, c'est aussi le fait de parler à son chien. En effet, il s'entraînait en parlant à son chien jusqu'à ce que celui-ci s'endorme.

«J'ai enfin réussi à lui parler sans bégayer», a-t-il déclaré, sans même marquer de temps d'arrêt.

Le bégaiement remonte à l'enfance et peut être difficile à vaincre. Il existe des thérapies orthophoniques et des écoles qui aident les élèves à maîtriser leur façon de parler. Mais parfois, il faut un peu d'entraînement et un meilleur ami pour vous aider à surmonter votre peur de parler devant les autres, quelle qu'en soit la raison.

CHAPITRE SEPT
Attirez votre Public
avec Succès

Les orateurs ont une particularité remarquable : ils sont capables de se tenir devant une foule, de lui parler et de l'inciter à agir. Si vous désirez maîtriser l'art oratoire, il ne suffit pas d'être capable de divertir. Vous devez également être en mesure de motiver votre auditoire et de l'amener à vous écouter. Votre public vous en sera reconnaissant, et votre capacité à y parvenir vous permettra de créer un réseau de relations qui vous aidera à bâtir une solide carrière par la suite. En exerçant ce magnétisme qui attire les gens, vous finirez probablement par obtenir des engagements supplémentaires par le biais du bouche-à-oreille.

L'important est d'être un véritable pôle d'attraction et d'attirer les gens vers ce que vous dites grâce à votre voix, vos mots et votre langage corporel. Il s'agit d'un trio qui, lorsqu'il est réuni, peut changer la façon dont vous vous tenez sur scène. Il modifie également la façon dont les gens réagissent à votre égard, quel que soit le sujet que vous abordez. Une fois que vous avez saisi que chaque geste et chaque mot auront un effet différent, vous pouvez travailler sur votre présence. C'est à ce moment-là que vous travaillez intérieurement pour que votre personnalité rayonne — et je sais qu'elle rayonnera de toute part!

Montrez la Voie

Je voudrais que vous pensiez à quelqu'un que vous connaissez et qui a une présence imposante. Il peut s'agir d'une célébrité ou d'une personne que vous connaissez personnellement — cela n'a pas d'importance. Essayez de penser à ce qui vous attire lorsqu'elle parle ou lorsqu'elle entre dans une pièce. Est-ce que vos yeux suivent cette personne? Est-ce que vous vous accrochez à chaque mot qu'elle prononce? C'est ce que l'on peut appeler le «*je ne sais quoi.*» On pourrait penser que ces personnes sont nées avec ce facteur, mais c'est souvent le résultat d'expériences de vie et de compétences naturelles en matière de leadership. Voulez-vous savoir ce qu'il y a de mieux? Vous pouvez apprendre à exploiter ce facteur afin de développer votre propre «*je ne sais quoi*» chaque fois que vous entrez dans une salle, et que vous donnez une présentation.

Une Question d'Intérêt

Bien sûr, vous pouvez apprendre à faire un discours et à séduire une foule. C'est très bien. Mais savez-vous ce qui ne l'est pas? Le fait de ne pas écouter les commentaires ou le discours de quelqu'un d'autre. Le meilleur moyen de gagner le respect est non seulement d'être intéressant, mais aussi de s'intéresser à ce que les autres disent.

J'avais la mauvaise habitude de balayer la salle du regard par nervosité lorsque quelqu'un s'adressait à moi. Mes yeux passaient d'une personne à l'autre, comme si j'attendais une nouvelle occasion de converser, même si ce n'était pas le cas. À votre avis, comment la personne qui me parlait se sentait-elle ? Je suppose qu'elle se sentait plutôt inconfortable et qu'elle voulait terminer la conversation le plus vite possible.

Depuis, j'ai appris à établir un contact visuel et à écouter réellement ce que les gens ont à dire. Cela s'applique également lorsque vous êtes au centre de l'attention sur scène. Si quelqu'un a une question à poser ou souhaite donner son avis, prenez un moment pour le laisser s'exprimer et finir sa phrase. Ne l'interrompez pas — contentez-vous d'écouter. Si vous manifestez de l'intérêt, ils en manifesteront aussi.

La Force – Pas Celle du Genre Musculaire

Connaissez-vous vos points forts ? Si ce n'est pas le cas, vous devriez absolument les connaître ! Après tout, chaque orateur est différent et possède un talent qui varie d'une personne à l'autre. Je souhaite que vous découvriez vos points forts afin que vous puissiez les exploiter et améliorer vos compétences en matière d'art oratoire. Il ne s'agit pas seulement de savoir si vous pouvez parler à une foule — il peut s'agir de bien d'autres aspects ! Est-ce que les gens vous trouvent drôle ? Êtes-vous doué pour raconter des histoires ? Avez-vous une présence apaisante avec de nouvelles personnes ? Ce ne sont là que quelques-uns des éléments que vous pouvez prendre en considération avant de noter vos points forts. Puis, examinez-les et réfléchissez à la manière dont vous pouvez les utiliser pour améliorer votre présentation.

Faites Appel à vos Expériences

Au lieu d'utiliser des phrases comme « vous pourriez comprendre si », ou « si cela vous est arrivé une fois. » Ces phrases ne permettront pas à votre public de se sentir pleinement impliqué dans votre présentation. Au lieu de cette approche, utilisez les expériences que vous avez vécues dans votre propre vie. Bien sûr, cette méthode peut être un peu intimidante. Je ne doute pas que vous vous sentirez dénudé au début, mais c'est normal. Voici un fait amusant : les gens s'identifieront à vous. Vous voulez savoir pourquoi ? Nous sommes tous humains. Nous n'avons peut-être pas exactement les mêmes expériences de vie, mais la plupart d'entre nous ont partagé des émotions liées à votre propre histoire. Il y a une part de nous dans chacune d'entre elles et, en ce sens, nous sommes tous semblables. Par conséquent, utilisez vos histoires et vous verrez qu'une étincelle apparaîtra parmi le public lorsqu'il commencera à se voir lui-même pendant que vous exprimerez votre vérité.

Ne Craignez Pas le Silence

Lorsque nous regardons un film, vous remarquerez que tout le public est silencieux. Si quelqu'un se met à parler au milieu d'une scène importante, nous éprouvons une frustration. Si vous parlez et que la foule demeure silencieuse, ne soyez pas surexcité ou nerveux. C'est souvent un bon signe.

En tant qu'orateur, vous serez souvent confronté à ce genre de situation. La salle peut être tellement silencieuse que vous pouvez entendre un crayon tomber, ou quelqu'un tousser à l'arrière. Je vous encourage à accepter ce silence. Vous pouvez même marquer une pause et laisser le silence s'infiltrer dans la salle, créant ainsi une sorte de tension surmontable avant de reprendre la parole. Si vous démontrez que vous maîtrisez le silence, vous paraîtrez plus confiant. Normalement, les orateurs nerveux essaient de rire pour éviter le silence d'une foule, ou de le combler avec leur voix. Faites le contraire et vous gagnerez le respect des personnes présentes dans la salle, sans même qu'elles s'en rendent compte.

Soyez Authentique

Vous remarquerez sans doute que les nombreuses façons de valoriser les compétences de leadership lors d'une présentation consistent à écouter, à revêtir ses points forts, comme une armure, et à parler à partir de son expérience. Quel est le point commun entre toutes ces approches? L'authenticité. Pensez-y. Vous avez le droit d'être authentique devant une foule. Vous méritez de l'être et je sais que les gens voudront entendre ce que vous avez à leur dire. Cependant, tout dépend de la façon dont nous le formulons. C'est pourquoi je suis convaincu que les concepts présentés dans ce livre vous aideront à révéler votre véritable personnalité, et à vous sentir à l'aise lorsque vous prendrez la parole en public. Souvent, il s'agit d'être fidèle à ce que nous sommes. C'est peut-être la raison pour laquelle nous craignons de nous retrouver devant une foule — nous sommes essentiellement seuls. Mais laissez-moi vous rassurer : ce n'est pas toujours une mauvaise expérience.

Lorsque vous pensez aux discours célèbres qui ont été écrits, ce ne sont pas toujours les mots, aussi émouvants qu'ils soient, qui ont marqué les esprits. Ce dont nous nous souvenons, c'est généralement de la manière dont ils ont été prononcés. C'est la façon dont Martin Luther King Jr. a livré « I have a dream » qui a incité les gens à applaudir. La façon dont il s'est exprimé était fidèle à sa personnalité authentique. Lorsque nous assistons à un discours qui nous ennuie, ce n'est pas toujours parce que l'orateur est nerveux — parfois, c'est parce qu'il déteste ce qu'il fait. Il ne fait que suivre le mouvement. Il n'a pas envie d'être là, alors vous n'avez pas envie d'être là. Si vous vous retrouvez dans cette situation, essayez de trouver un intérêt dans le sujet que vous traitez (surtout s'il s'agit d'un emploi) et de vous passionner pour celui-ci. Lorsque vous faites preuve d'authenticité dans votre enthousiasme, les autres le percevront et commenceront à le ressentir à leur tour.

Il s'agit d'une qualité de leadership importante, car l'authenticité incite les gens à vous côtoyer. Lorsque vous vous montrez authentique et que vous dites ce que vous pensez en vous efforçant d'être compréhensif, il est difficile de remettre en question ce que vous avez affirmé. Je travaille dans ce secteur depuis plus de dix ans — c'est l'une des qualités qui caractérisent la majorité des conférenciers dont vous pouvez citer les noms spontanément. Je sais à quel point il est difficile d'en arriver là. Parfois, en fait, cela peut sembler impossible. Je vais vous expliquer en quoi ce n'est pas le cas et pourquoi votre personnalité authentique est essentielle !

Trouvez votre Voix Authentique

Je sais que vous avez tendance à craindre de vous exprimer à partir d'une feuille de papier. Nous avons tous assisté à ces présentations où l'on voit le présentateur mélanger les cartes dans ses mains, à la recherche de la prochaine phrase à prononcer. Ces présentations ne donnent pas l'impression à votre public que vous êtes là pour l'impressionner — c'est pourquoi l'authenticité est un véritable atout. Vous ne voulez surtout pas perdre votre crédibilité aux yeux de ceux qui sont venus vous voir donner une présentation.

Comment êtes-vous personnellement lié à votre message principal ? Réfléchissez-y vraiment. Pourquoi est-ce important pour vous ? Vous êtes peut-être simplement venu présenter un produit à un client ou porter un toast de mariage, mais cela importe peu. On vous a confié la tâche de vous adresser à un public. C'est pourquoi vous devez établir un rapport avec la déclaration que vous essayez de faire et l'appliquer vous-même. En fait, l'important n'est pas toujours de savoir ce dont vous allez parler en public, mais de savoir comment ce sujet vous concerne. Ce qui est déterminant est le lien qui caractérise votre discours et vous-même. Après tout, si vous faites le lien avec vous-même, vous pouvez aussi l'établir avec l'auditoire. Si vous considérez la situation sous cet angle, vos paroles deviennent alors votre vérité.

Mais comment déterminer celle-ci ? Vous devez vous connaître personnellement. Il ne s'agit pas seulement de l'histoire de votre vie — c'est plus profond que cela. Comment vous percevez-vous dans le monde ? Lorsque vous pouvez trouver une réponse à ce genre de question, vous pouvez trouver votre identité. Vous saurez alors faire le lien entre ce qui est unique et vos passions, ce que vous n'aimez pas ou même ce qui se rapporte à votre routine quotidienne.

Vous ne devez pas mentir ou être incohérent. Les gens savent quand vous mentez. C'est comme lorsque vous sortez d'une cabine d'essayage, que vous regardez le commis-vendeur et que vous lui demandez si la tenue vous convient. S'il vous répond par un mensonge, vous le savez et vous n'achetez pas le produit. C'est exactement la même situation que de se tenir devant une foule et d'être dépourvu d'authenticité. Les gens s'en aperçoivent. Alors, intégrez-vous dans votre présentation. Vous serez surpris par la réaction que vous obtiendrez.

Pratiquez l'Authenticité

Il ne fait aucun doute qu'il est essentiel de se préparer avant de prendre la parole pour être en mesure de prononcer un discours de qualité. Cependant, vous ne devez pas donner l'impression d'avoir trop répété. Pour éviter cela, vous pouvez vous forcer à faire des gestes avec lesquels vous n'êtes pas à l'aise. Vous voulez maintenir un contact visuel avec votre public, *sans* pour autant l'effrayer ! Vous ne voulez pas avoir un concours de regards avec la personne du premier rang parce que vous vous efforcez de surveiller votre langage corporel. *Soyez* conscient des mouvements de votre corps, mais ne soyez pas trop énergique — tout le monde dans la salle pourra s'en rendre compte.

Alors, vous vous demandez sans doute *comment vous pourriez pratiquer l'authenticité* ? Certes, le langage corporel a déjà été mentionné dans ce livre. Il s'agit d'un moyen subtil de communiquer avec votre public, et on ne saurait trop insister sur son importance pour votre présentation. Si vous voulez donner une impression d'authenticité à votre présentation ou à votre discours, vous devez vous entraîner en tenant compte de l'auditoire. Si vous pratiquez trop vos gestes, ils risquent d'être robotisés.

Certaines consignes peuvent vous aider à répéter à la perfection, tout en conservant votre authenticité. Vous devez écouter, être enthousiaste à propos de ce dont vous parlez et toujours faire face au public avec une attitude d'ouverture. Si vous y parvenez, vous augmenterez vos chances de réussite. Vous pouvez utiliser ces trois règles pour répéter et pratiquer les gestes. N'hésitez pas à utiliser une glace si vous n'êtes pas sûr de vous.

Spectacle de Variétés

D'accord, vous avez un sujet ennuyeux. Vous avez lu le livre jusqu'à présent et vous fixez les pages en vous disant : «Et si je devais vendre un aspirateur à un multimillionnaire?» Eh bien, cela ne semble pas très amusant — surtout s'il ne s'agit pas de votre aspirateur. Je suis persuadé que présenter un exposé sur le thème de la succion n'est pas la meilleure façon d'occuper votre journée, mais vous devez le faire. Et je sais que vous pouvez le faire! C'est ici que vous apportez de la variété et que vous mettez du piquant dans votre présentation pour que ni vous ni personne dans la salle ne s'endorme.

Ajoutez une Touche d'Originalité

Vous avez un sujet ennuyeux — cela ne veut pas dire que vous devez être un orateur ennuyeux! Vous êtes peut-être au bord de la crise de nerfs parce que vous détestez ce que vous devez présenter, mais il s'agit de trouver un angle d'attaque différent pour rendre votre présentation plus divertissante. Alors, cessez de regarder un écran vide et une présentation ennuyeuse. Nous sommes sur le point d'y remédier.

Vous pouvez envisager la question d'un point de vue stratégique : quel angle dois-je adopter pour rendre mon sujet intéressant? De nombreuses personnes abordent des sujets qui ne sont pas très intéressants sous différents angles, afin de trouver celui qui répond à leurs besoins d'une manière divertissante.

Sortez de l'Ordinaire

Je ne parle certainement pas de sauter de haut en bas tout en jonglant soudainement. Bien entendu. Nous considérons généralement les interruptions de façon négative, mais elles peuvent attirer l'attention si le public commence à se désintéresser. Il s'agit essentiellement de surprendre les participants. Non seulement vous attirerez leur attention, mais vous la maintiendrez.

Cette méthode fonctionne idéalement si votre présentation est ennuyeuse, car en la perturbant, vous regagnerez l'attention du public. Le but est d'interrompre le fil de votre discours par un divertissement. À un moment donné de la présentation, vous pouvez vous arrêter et surprendre le public avec un élément nouveau — qu'il s'agisse d'un sondage, d'un graphique, d'une citation ou même d'une vidéo.

Veillez à ce que cet élément soit en rapport avec le sujet. Lorsque vous constatez que la présentation, qui peut être aride, s'est épuisée,

vous pouvez proposer un questionnaire improvisé. Cela les ramène-
ra à votre présentation et les fera participer. N'oubliez pas que vous
souhaitez rendre votre présentation fluide. Faites en sorte que votre
interruption soit nécessaire à la poursuite de votre sujet.

La Pertinence

Un excellent moyen d'impliquer votre public est de consulter les
tendances des médias sociaux. Vous pouvez apporter de la perti-
nence à votre sujet en le reliant à un événement qui se déroule dans
le monde à ce moment précis. Vérifiez les tendances populaires qui
se produisent et adaptez une partie de votre présentation en fonction de celles-ci. Vous pouvez même lancer un débat en comparant
votre sujet à une actualité pertinente. Non seulement vous attirerez
l'attention des gens, mais vous les stimulerez également. Toutefois,
veillez à choisir un sujet en rapport avec votre contenu. Je vous recommande également de faire preuve de prudence dans votre choix,
car vous ne voudriez pas que le public se sente mal à l'aise parce que
vous avez choisi un sujet offensant.

L'Art de la Métaphore

Si votre sujet est aride et difficile à comprendre, vous pouvez recourir
à des métaphores pour rendre votre présentation plus intéressante, et
faire réfléchir votre auditoire. Lorsque vous utilisez une métaphore,
vous posez une question rhétorique à laquelle le public peut répondre
mentalement. L'idée n'est pas de leur donner la réponse, mais de leur
laisser le soin de le faire eux-mêmes. Vous pouvez leur demander : à
quoi cela peut-il ressembler ? Ou, si vous deviez le comparer à telle ou
telle situation, quelle serait-elle pour vous ? Vous leur permettez de
développer le sujet intérieurement, ce qui leur donne l'indépendance

dont ils ont besoin pour comprendre votre sujet par eux-mêmes, plutôt que d'être forcés de le connaître d'emblée.

Apportez des réponses

Vous remarquerez que les personnes qui attirent naturellement les gens vers elles ne craignent jamais d'exprimer ce qu'elles pensent. Lorsque vous êtes sur scène, il peut être difficile de le faire, car vous avez répété pendant des heures, voire des jours.

Si vous avez choisi de terminer votre discours ou votre présentation par une séance de questions-réponses, vous risquez de rencontrer un obstacle lorsque les gens commenceront à poser des questions auxquelles vous n'étiez pas préparé. Je suis certain que vous avez déjà rencontré quelqu'un qui répond en un seul mot chaque fois que vous lui parlez. Lorsque c'est le cas, vous ne pouvez pas vous empêcher de penser que le contenu de la réponse n'est pas substantiel. Par conséquent, lorsque vous décidez de terminer par des questions, dressez une liste de réponses que vous pourriez utiliser.

Lorsque vous préparez ces réponses, veillez à ce qu'elles aient de la profondeur et de la personnalité. Effectuez des recherches jusqu'à ce que vous ne puissiez plus en faire, ou ajoutez des anecdotes tirées de votre propre vie si vous n'êtes pas convaincu. En offrant une réponse vraie et authentique, vous aiderez votre public à vous considérer comme étant plus personnellement accessible. Il s'agit d'un outil extraordinaire à exploiter, car il est souvent négligé. La plupart des gens ne s'attendent pas à des réponses aussi réfléchies. Vous pouvez non seulement quitter la salle sur une bonne note, mais vous ferez également bonne impression avant même qu'ils ne quittent la salle de réunion ou la salle de conférence.

Le Magnétisme Naît de l'Intérieur

Je ne peux qu'imaginer que vous vous sentirez comme un imposteur au commencement, comme si vous feigniez de devenir une personne plus magnétique, ou comme si vous essayiez de manipuler les gens pour qu'ils vous trouvent sympathique. C'est ainsi que l'effet commence, mais vous remarquerez rapidement des changements dans votre attitude et votre personnalité.

Votre magnétisme provient de l'intérieur. C'est le facteur «*je ne sais quoi.*» Il ne s'agit pas de ce qui se trouve à l'extérieur, car, aussi séduisant que vous puissiez paraître, vous devez travailler sur l'intérieur. Si vous êtes la personne la plus séduisante du monde, mais que vous n'avez pas de qualités intérieures agréables, vous verrez que les gens s'en iront aussi rapidement qu'ils sont entrés. Le magnétisme consiste à être authentique, à être attentionné envers les autres, à choisir ses mots et à faire preuve de maîtrise de soi. Il s'agit non seulement de qualités de leadership exceptionnelles, mais aussi de qualités dont le monde a de plus en plus besoin.

Elles vous conduiront au bon type de magnétisme qui vous fera oublier les pires présentations. Cela ne veut pas dire que vous pouvez improviser sur scène, mais votre capacité à communiquer avec le public sera amplifiée. Je sais qu'il vous faudra un peu d'entraînement, mais je ne doute pas que vous serez capable d'être authentique et de permettre aux autres de voir les aspects merveilleux qui font de vous ce que vous êtes.

L'Acteur Qui S'est Imposé Malgré ses Peurs — Profil de Harrison Ford

Vous le connaissez sous les traits de Han Solo et d'Indiana Jones. Cet incroyable acteur est célèbre depuis plus de 30 ans. On pourrait donc penser qu'il s'est habitué à parler devant des étrangers. Son travail consiste à jouer littéralement devant des dizaines de personnes, scènes d'action comprises. Alors comment un homme comme lui peut-il souffrir de la peur de parler en public ?

Malgré son incroyable carrière à l'écran, Harrison Ford a admis que parler en public le remplissait de « terreur et d'anxiété. » C'est lorsqu'il a reçu le *Life Achievement Award* de *l'American Film Institute* qu'il a admis avoir rencontré des difficultés à prononcer son discours.

Il a déclaré aux journalistes que « la plus grande peur de ma vie est de parler en public. » Qu'a-t-il fait ? Il est tout de même allé jusqu'au bout. Malgré ses craintes, Harrison s'est rendu sur la scène, a prononcé un discours et a accepté son prix. La seule solution consistait à y monter et à se lancer, en dépit de la nervosité et de l'anxiété.

Le fait d'accepter un prix ne change rien à la situation : cependant, c'est un peu plus agréable après coup.

CHAPITRE HUIT
Évitez l'Autosabotage

L'avantage des erreurs, c'est qu'elles vous permettent d'apprendre! Et si vous saviez déjà quelles sont les erreurs à ne pas commettre, vous pourriez alors envisager de les éviter. Il ne s'agit pas de fuir la peur, mais d'y être préparé. Pour être prêt, vous devez apprendre ce qu'il ne faut pas faire et ce qu'il ne faut pas inclure dans vos présentations. Je souhaite que vous réussissiez chacune de vos interventions en public, notamment en évitant les erreurs que j'ai commises et que de nombreuses autres personnes ont faites par le passé.

À Propos du Public

Si vous ne vous adressez pas à un public, vous vous adressez à une salle vide. Gardez cette idée à l'esprit lorsque vous faites une présentation. C'est grâce à votre public que vous êtes un orateur. Sans lui, vous ne pourriez pas transmettre vos connaissances à un auditoire. Ces erreurs vous amèneront à contrarier ou à perdre votre public — veillez à les écarter de votre présentation. Je souhaite que vous puissiez gagner un public à mesure que vous progressez, alors évitez les erreurs qui peuvent causer de l'angoisse lorsque vous vous exprimez en public.

La Surcharge d'Informations

Je me souviens de mes premières interventions en public. Je voulais que le public réalise à quel point je maîtrisais l'art de susciter la confiance en soi. Je me tenais là, avec les lumières éblouissantes sur mon visage et le silence du public devant moi, et j'ai dépassé de dix minutes l'heure à laquelle j'étais censé terminer. J'avais sept points clés divisés en trois sous-sections chacun. Je leur ai parlé du langage corporel et de la voix et j'ai cité toutes les études — il y avait de nombreux graphiques. Pouvez-vous deviner ce qui s'est produit? Certains sont partis, et j'ai même aperçu deux d'entre eux qui dormaient. J'ai appris à ce moment-là que, bien que préparé, j'avais laissé tomber mon message principal.

Lorsque vous passez trop de temps sur les informations, et pas suffisamment sur le message, vous finissez par perdre votre public. Vous devez vous exprimer de manière concise et faire preuve de simplicité. Vous retiendrez toujours leur attention si vous présentez vos arguments et passez à un autre point. Je me souviens de quelques professeurs qui ne cessaient de parler de certains sujets et qui finissaient par nous transmettre des notes les uns aux autres parce que nous n'étions pas attentifs. C'est le genre de situation qui se produit lorsque vous parlez sans cesse.

À moins qu'il ne s'agisse d'un sujet essentiel, réduisez votre discours au minimum. Vos diagrammes circulaires ne font que montrer à quel point vous avez étudié le sujet en question. Si vous en faites trop, vous submergez vos participants d'informations inutiles. Leur temps est aussi précieux que le vôtre, alors maintenez cette intégrité et communiquez-leur ce qu'ils ont besoin de savoir, et non tout ce qu'ils n'ont pas besoin de savoir.

Ne Présumez Rien

Nous savons tous à quel point les stéréotypes sont méprisés. Affirmer qu'il s'agit d'une mauvaise habitude serait un euphémisme. Alors, s'il vous plaît, *ne* présumez *rien* au sujet de votre public. Avez-vous une certaine position politique ? Une couleur préférée ? Essayez-vous de savoir s'ils sont tous riches ? Ne le faites pas. Faites le contraire de la publicité de la marque *Nike* : *ne* le faites *pas*. Toute supposition sur votre public peut rendre votre présentation inappropriée.

Si vous entrez dans une salle en supposant que tout le monde est fan de Nickelback, vous allez passer une mauvaise journée. Il existe des moyens de découvrir ces informations sur votre public — commencer votre présentation ou votre discours en diffusant la chanson *Look at This Photograph* dans son intégralité n'est probablement pas la meilleure idée que vous puissiez retenir, quel que soit votre degré d'appréciation de la chanson.

L'Ignorance N'est Pas une Bénédiction

Êtes-vous passionné par votre sujet ? Si vous avez répondu par l'affirmative, ce qui suit s'applique à vous. Je sais qu'il nous arrive de nous laisser emporter par notre sujet et d'en parler pendant des heures. Nous voulons que tout le monde sache à quel point c'est génial ! Mais comme dans la vie, il y a un piège. Vous risquez d'oublier que votre public existe. De plus, il se peut qu'il ne connaisse pas le sujet, et c'est donc à vous de le lui expliquer. Se lancer dans des dissertations sur le sujet ne les aidera pas et il sera facile pour eux de s'ennuyer.

Vous devez toujours informer votre public de ce qui l'attend avant de commencer. Cela leur permet de mieux appréhender le sujet. Il est également judicieux de répondre aux questions à la fin de la présentation, car vous pouvez toujours leur donner les informations qu'ils recherchent si vous ne les avez pas abordées. Vous souhaitez qu'ils se concentrer sur la présentation en cours sans se perdre. Ne les ignorez donc pas! Assurez-vous de les garder à l'esprit tout en expliquant ouvertement votre démarche.

La Survente

Votre présentation ressemble-t-elle davantage à une réunion de vente? D'accord, je peux accepter cette situation. Connaissez-vous la plus grande erreur à commettre lorsqu'on essaie de vendre un produit dans le cadre d'une présentation? C'est écrit dans le titre. La survente. Nous savons tous qu'un représentant commercial est soit très charismatique, soit une personne miteuse qui, dans les dessins animés, essaie de vendre des produits cassés. Je ne crois pas que l'un ou l'autre soit réel — ce ne sont que des stéréotypes.

Cela étant dit, il peut être facile pour les gens de saisir ce genre de première impression en raison de ces clichés. Rien ne dissuadera plus un client d'acheter ou d'investir dans votre produit que la survente. Je sais que cette idée semble élémentaire, mais je suis certain que vous vous demandez comment ne pas survendre votre produit. Eh bien, il y a plusieurs solutions que vous pouvez mettre en œuvre.

Posez des questions ouvertes. Par exemple, au lieu de dire : «Que voulez-vous dire par le fait que votre entreprise n'a pas les moyens d'acheter ce produit?» Vous devriez demander : «Quel prix seriez-vous prêt à payer pour telle ou telle capacité?» N'essayez pas de couper l'herbe sous le pied de votre client en paraissant mécontent s'il n'a pas les moyens d'acheter un produit ou s'il en conteste le coût. Au lieu de le forcer à acheter, essayez de raisonner avec lui pour lui expliquer pourquoi le montant est justifiable.

Cela va de pair avec l'empathie. Assurez-vous de faire preuve d'empathie lors de votre présentation. Vous souhaitez identifier les points sur lesquels vous comprendrez pourquoi ils sont intéressés par le produit. En fonction de ce dernier, ils peuvent avoir un besoin que seul votre produit puisse satisfaire. Vous pouvez toujours parler de vos expériences personnelles et leur poser des questions sur les raisons pour lesquelles ils pensent que leurs produits actuels ne donnent pas les meilleurs résultats.

En matière de vente, il est dangereux de survendre, mais en faisant preuve d'authenticité dans votre compréhension et en étant ouvert aux questions que votre public pourrait poser, vous constaterez que vous aurez naturellement une présentation plus charismatique.

Une Approche Offensive N'est Pas Efficace

Nous vivons dans un monde nouveau. Depuis l'avènement de l'internet, l'humour n'est plus ce qu'il était il y a quelques années, et nous sommes en perpétuel changement. Notre société est devenue plus consciente de l'importance de l'humour décalé, qui n'est certainement plus aussi courant qu'auparavant. En même temps, l'humour est aussi un phénomène objectif, et les mêmes blagues ne font pas rire toutes les personnes. C'est normal. Parfois, cela dépend de notre propre expérience ou de la façon dont nous avons grandi. Cela ne signifie pas qu'il faille inclure du matériel offensant dans une présentation. Les blagues qui étaient acceptables ne correspondent plus au langage que nous devrions employer. Vous devez vous préoccuper davantage de l'effet que votre humour peut avoir sur votre public et tenir compte de tous les horizons. L'humour grossier n'est pas souhaitable — il est tout simplement offensant.

Utilisé à bon escient, l'humour est un moyen fantastique de captiver votre public et de s'assurer qu'il rit et s'amuse. L'humour n'est cependant pas sans limites. Il y a des moments où il peut être excessif. Le recours à l'humour dans les présentations est un excellent moyen de détendre votre public, d'établir une relation et d'améliorer votre présentation. Cependant, les mauvaises blagues demeureront toujours de mauvaises blagues. Et il est encore plus désagréable de voir quelqu'un rire de ses propres mauvaises blagues. Vous devez connaître votre public et toujours éviter les blagues sur la politique, la religion ou tout ce qui est sexiste ou raciste.

En revanche, cherchez des anecdotes humoristiques de votre propre vie à partager, surtout lorsque la blague est sur vous. L'humour d'autodérision peut être très amusant et attachant. Lorsque les gens sont détendus, ils assimilent les informations de manière plus efficace. Les faire sourire et rire peut donc s'avérer très bénéfique au cours de votre présentation — laissez simplement de côté les mauvaises blagues et les sujets controversés.

Évitez l'Ego

Je considère que la fierté est une vertu — si vous avez réussi à vous hisser au niveau où vous êtes aujourd'hui, je ne vois pas pourquoi vous ne devriez pas être fier de vous. Cela dit, l'ego et la fierté sont très proches l'un de l'autre et ne se manifestent le plus souvent que lorsque nous sommes entourés d'autres personnes.

Lorsque vous vous adressez à un public, il peut être tentant de faire preuve d'un peu d'arrogance, surtout si vous êtes un professionnel dans votre domaine. Vous connaissez toutes les informations les plus récentes parce que vous avez effectué des recherches sur le sujet pendant des mois, voire des années. Vous y avez peut-être même consacré votre vie. Alors pourquoi les gens n'auraient-ils pas besoin de vous écouter ? Vous détenez l'information et vous la transmettez.

Ce point de vue peut vous apporter une grande confiance en vous, que les gens estimeront. Vous devrez cependant surveiller votre ton lorsque vous transmettrez l'information. Lorsque vous laissez votre ego s'emparer de votre attitude et de vos actions, vous vous retrouvez avec un public qui ne se sent guère heureux de se retrouver devant vous. Ils auront l'impression qu'on leur fait la morale. Vous risquez de perdre la connexion avec eux parce qu'ils sentiront que leurs opinions ou leurs réflexions n'ont pas d'importance. Vous aurez l'impression que votre esprit est occupé par votre propre ambition, au lieu de stimuler votre auditoire.

Il en va de même si vous avez une personne hostile dans l'auditoire. Ne cédez pas à son humeur et ne la lui renvoyez pas. Si quelqu'un vous pose des questions insensées, essayez d'y répondre du mieux que vous pouvez jusqu'à ce qu'il passe son tour. Ne leur permettez pas de vous empêcher de poursuivre votre présentation. Le public le respectera profondément.

À Propos de la Présentation

Il ne fait aucun doute qu'il existe des routines que nous suivons lorsque nous présentons un exposé. Après tout, il est toujours plus facile d'agir comme on l'a toujours fait plutôt que de changer. Cependant, les erreurs que nous commettons peuvent parfois nuire à notre présentation. Il se peut que nous ne sachions même pas que nous commettions des maladresses! Nous continuons donc à reproduire les mêmes erreurs, tout en étant parfaitement inconscients. Ne vous inquiétez pas si vous commettez ces erreurs courantes, mais essayez de les résoudre au fur et à mesure. Une fois que vous les aurez constatées, vous pourrez commencer à les éliminer.

Recours aux Phrases de Remplissage

Vous pensez peut-être que les phrases de remplissage ne sont que des décharges d'informations, mais elles sont en fait basées sur les mots que vous utilisez lors de votre présentation. Qu'est-ce que j'entends par « remplissage »? Hum, vous savez, je veux dire, c'est vraiment difficile à définir. Avez-vous remarqué une particularité dans cette dernière phrase? Il s'agit des mots de remplissage auxquels je fais référence. Ce sont les mots que nous utilisons en guise de secours lorsque nous n'avons rien d'intéressant à ajouter, ou lorsque nous avons oublié une partie de notre présentation. Malheureusement, ces mots amènent le public à s'interroger sur votre professionnalisme. Lorsque vous les sentirez sur le bout de la langue, essayez de les éviter. Si vous les ressentez, vous pouvez toujours ajouter une pause entre vos phrases pour combler l'espace momentané — mais veillez à ne pas marquer une pause trop longue!

Est-ce une Question?

Avez-vous déjà écouté une personne parler de manière à donner l'impression que tout ce qu'elle dit sonne comme une question? C'est une réaction naturelle qui peut se produire lorsque nous tentons d'attirer l'attention de quelqu'un. Mais, ce n'est pas la meilleure façon de procéder. Chaque question doit être suivie d'une réflexion, et si tout ce que vous dites ressemble à une question, le public risque de se méprendre. Réduisez-les donc au minimum et ne les utilisez qu'à des fins d'impact.

Monsieur Rigolo

D'accord, l'humour, c'est bien. J'aime l'humour comme tout le monde, car il permet de divertir le public. Il n'y a rien de tel que de faire rire tout le monde en même temps — c'est une sensation extraordinaire! L'humour peut également être utile si vous abordez un sujet sérieux, susceptible de provoquer une certaine forme de négativité dans la salle. C'est un outil merveilleux qui met tout le monde à l'aise.

Alors, qu'y a-t-il de mal à faire un peu d'humour? Rien du tout. Le problème ne se pose que si vous faites preuve de trop d'humour. Vous devez vous rappeler que parler en public est différent de jouer à l'humoriste. Vous n'êtes pas sur scène pour faire des blagues en permanence comme si vous étiez dans un club de comédie. Votre objectif est de prononcer un discours ou de faire une présentation qui impressionne l'auditoire. Vous devez préserver votre humour pour détendre l'atmosphère, sinon votre auditoire risque de ne pas vous prendre au sérieux et votre présentation risque de passer totalement inaperçue.

S'entraîner, s'entraîner, s'entraîner

Vous remarquerez peut-être que la plupart des orateurs ne se trompent jamais. Pour ma part, j'admets qu'au début, je ne me préparais pas vraiment. Qu'est-ce que cela m'a permis de faire? De l'improvisation. Or, personne n'improvise à moins de se présenter dans la salle sans être préparé. Pour obtenir les meilleurs résultats lors de votre présentation, entraînez-vous autant que nécessaire. Certaines personnes ont besoin de s'exercer une douzaine de fois, d'autres en nécessitent davantage. Une fois que vous vous êtes suffisamment exercé pour vous sentir à l'aise, vous serez prêt à monter sur scène. Cependant, lorsque vous commencerez à vous améliorer en matière d'art oratoire, vous ressentirez le besoin de laisser tomber l'entraînement. Ne négligez pas cette étape! Entraînez-vous constamment, sinon vous risquez de vous retrouver sans voix devant un public qui s'accroche à chacun de vos mots.

Le Facteur Temps Est Essentiel

Vous vous êtes donc entraîné. Mais, auriez-vous oublié de vérifier un détail important pendant votre entraînement? Je suis bien placé pour le savoir, car c'est ce que j'ai fait au début de ma carrière. Il y a une astuce qui fait partie intégrante de la prise de parole en public : le temps! Chronométrez-vous à chaque entraînement. Vous ne devez pas vous retrouver à la moitié du temps imparti et avoir seulement deux dernières diapositives à présenter. Vous devez être préparé et remplir le temps qui vous est alloué. Si vous disposez de plus de temps pendant l'entraînement, vous pouvez présenter des informations que l'auditoire estimerait, et pas seulement des diapositives de remplissage qui l'ennuieraient.

Si vous savez qu'il y aura une participation du public, prévoyez du temps pour cette activité. Accordez-vous environ un tiers de votre présentation pour les questions, si elles sont nécessaires à la présentation. Sinon, ne laissez que quelques minutes vers la fin pour la participation de l'auditoire et ne vous en tenez pas là. Ensuite, une fois que toutes les questions ont été posées, vous pouvez conclure. Veillez à ne pas quitter la scène dès que la dernière personne a posé sa question. Prévoyez toujours une phrase de conclusion pour indiquer à votre public que vous avez terminé. Vous ne voudriez pas qu'ils se demandent si vous reviendrez, ce qui leur ferait perdre du temps.

Houston, Nous Éprouvons des Problèmes Techniques

Nous sommes tous passés par là. Un instant, vous vous préparez pour votre présentation, mais lorsque vous vous retournez pour regarder votre diaporama, le projecteur ne fonctionne pas et l'écran est noir. Les difficultés techniques sont frustrantes et gênent le début d'une présentation. Vous ne pouvez pas prévenir les problèmes techniques, car ils ne sont pas toujours de votre ressort : il peut s'agir du lieu, du réseau Internet ou même de l'éclairage. Vous n'êtes pas forcément responsable de ces problèmes. Cependant, il existe des moyens de contourner ces difficultés.

Si vous n'avez jamais fait une présentation à cet endroit, arrivez à l'avance pour tout mettre en place. Si vous ne pouvez pas arriver à l'avance, posez des questions sur les conférenciers précédents et sur les problèmes techniques qu'ils ont déjà rencontrés. Vous pourrez ainsi vous renseigner sur ces problèmes et être en mesure de les résoudre si vous le souhaitez. Vous pouvez également vous entraîner à connecter votre ordinateur à différentes sorties et différents écrans, ou vous faire accompagner d'un ami qui connaît bien le domaine de l'informatique.

Si vous prenez la situation en main, au lieu de rester bouche bée, vous ne perdrez pas votre attrait pour le public. Il est vrai qu'il y aura des frustrations. Vous ne pouvez pas toujours contrôler ce type de problème, mais vous pouvez contrôler la manière dont vous réagissez et les mesures que vous prenez pendant que vous attendez que la situation se rétablisse.

Menteur, Menteur

Si vous avez un produit à vendre désespérément, je comprends que vous puissiez devenir désespéré. Cependant, vous ne voulez pas commettre de transgression, car, si vous vous faites démasquer, vous perdrez non seulement votre public, mais bien davantage. Vous ne devez jamais, au grand jamais, mentir sur les faits. Utilisez toujours les bonnes sources.

Ne gonflez pas les chiffres de vos ventes et ne fabriquez pas de détails importants. Ces changements, qui peuvent vous sembler infimes, peuvent représenter un signal d'alarme pour une personne qui connaît réellement le sujet. Peu importe que vous soyez devant votre classe ou devant un client, vous devez avoir les faits exacts. Vous devez connaître l'information du bout des doigts, ainsi que l'origine de vos sources. Wikipédia n'est pas toujours la ressource que vous croyez.

Préparez-vous au cas où l'on mettrait en doute vos recherches ou vos chiffres. Dites-leur exactement d'où ils proviennent. Cette tâche sera facile si vous vous êtes bien préparé. Ne mentez donc pas. La seule personne à qui vous mentirez en fin de compte, c'est vous, et cela ne fera que vous rendre inconfortable.

Acceptez les Erreurs

Il y a des moments où vous ne pouvez pas contrôler ce qui se passe — qu'il s'agisse d'une erreur technologique (qui arrive plus souvent que nous ne le voudrions) ou d'une diapositive manquante que vous n'aviez pas remarquée. C'est difficile à dire, mais il y a de fortes chances que vous commettiez des erreurs, même si vous êtes très prudent. Vous devez les anticiper parce qu'elles se produiront la plupart du temps. Ce qui compte, c'est de s'améliorer constamment et d'apprendre de ses erreurs.

Quoi qu'il en soit, vous vous enrichirez de vos erreurs, comme je l'ai fait au début de ma carrière. Pour atteindre vos objectifs, vous devrez toujours planifier. Les erreurs que vous commettez ne définissent pas qui vous êtes, car elles sont inévitables, et tout ce que vous pouvez faire, c'est de vous préparer à les éviter la prochaine fois. Soyez en mesure de les oublier et d'apprendre à faire mieux la prochaine fois.

Elles ne font pas de vous un moins bon orateur — même si c'est le genre d'erreur qui vous met en colère après coup. Au contraire, ces erreurs vous permettent de progresser et de vous adapter à votre travail.

Surtout, n'allez pas croire que vous êtes un raté simplement parce que vous vous êtes trompé. Passez l'éponge, tirez-en des leçons et faites un nouveau pas en avant : c'est le secret de la croissance et de la réussite.

Vaincre la Peur — Profil de Vous-Mêmes

J'aimerais que vous vous imaginiez devant une foule de centaines de personnes. Vous montez sur la scène et la foule vous applaudit lorsque vous arrivez devant elle. Vous souriez face au public. L'éclairage est aveuglant depuis l'endroit où vous vous trouvez et vous pouvez à peine distinguer les visages de tous les spectateurs. Malgré cela, vous pouvez constater que la salle est remplie.

Vous sentez votre cœur s'emballer dans votre poitrine, mais vous l'acceptez et portez le microphone à votre bouche. Vous expirez lentement avant de vous présenter. Il n'y a pas d'erreurs ni de maladresses. Il n'y a que vous et le public, qui s'accroche à chacune de vos paroles.

C'est votre histoire et je sais que vous pouvez la réaliser. Je vous invite à visualiser ce que vous souhaitez réaliser et à vous entraîner graduellement. Notez vos objectifs, célébrez vos réussites et réjouissez-vous de faire la différence non seulement dans votre vie, mais aussi dans celle d'autrui.

Il ne vous reste plus qu'à vous mettre au travail.

LE MOT DE LA FIN

'art oratoire est une carrière qui transforme une vie, car il vous apprend la discipline, la confiance et la fierté. Elle peut vous permettre de partager vos idées et d'inciter les autres à agir en fonction de ce que vous jugez être important. Lorsque je raconte aux gens comment ma vie a changé depuis que j'ai commencé à parler en public, plusieurs d'entre eux ne me croient pas. C'est grâce à un travail acharné et à des années d'apprentissage que j'ai pu démontrer à quel point ma vie s'était transformée. Il y a des jours où je suis personnellement stupéfait. J'ai eu la chance d'assister au même type de transformation chez de nombreuses personnes, qu'il s'agisse de PDG ou de philanthropes.

Les concepts présentés dans ce livre vous conduiront sur une voie qui, à l'heure actuelle, peut vous sembler difficile à imaginer. Vous constaterez que vous êtes plus performant au travail à chaque réunion ou bien que vous ne craigniez plus de serrer la main du type qui se trouve au pub. Il se peut que vous ne soyez plus nerveux à l'idée de porter un toast au mariage de votre meilleur ami. Quel que soit le cas, je sais que vous pouvez le surmonter si vous suivez les principes que j'ai énoncés pour vous.

Le fait d'avoir participé à votre progression me donne la motivation nécessaire pour continuer à parler et à aider les autres. Je ne peux qu'espérer que vous accompliriez de grandes réalisations, et je vous suis très reconnaissant de m'avoir permis de jouer un rôle à cet égard. Je n'ai fait que présenter les moyens d'y parvenir, mais c'est à vous de les mettre en œuvre.

C'est ici que vous prenez les rênes et que vous vous mettez au travail. Je vous recommande de relire la partie qui vous interpelle davantage et de vous servir de ce livre à votre profit pour exceller dans votre propre carrière d'orateur. Il vous suffit de faire un premier pas pour que votre voyage puisse commencer.

RÉFÉRENCES

« 7 Things You Need to Know About Fear. » Psychology Today, Sussex Publishers. À partir de www.psychologytoday.com/us/blog/smashing-the-brainblocks/201511/7-things-you-need-know-about-fear.

« Acknowledging Your Fear and Finding Your Way Forward. » The Center for Transformational Presence. (12 février 2019). À partir de www.transformationalpresence.org/alan-seale-blog/acknowledging-your-fear-and-finding-your-way-forward/

Beqiri, G. « Best Practices for Designing Presentation Slides. » VirtualSpeech. (20 septembre 2018). À partir de www.virtualspeech.com/blog/designing-presentation-slides.

Boundless. « Boundless Communications. » Lumen. À partir de www.courses.lumen-learning.com/boundless-communications/chapter/steps-of-preparing-a-speech/.

Chapitre 5: Adapting to Your Audience. À partir de www.cengage.com/resource_uploads/static_resources/0534637272/16296/PSEA_Summary_c05_rc.htm.

Guillebeau, C. « It's Not About Overcoming Your Fears; It's About Acknowledging and Moving On : The Art of Non-Conformity. » À partir de www.chrisguille-beau.com/acknowledging-and-moving-on/

« Fear. » Psychology Today, Sussex Publishers. À partir de www.psychologytoday.com/us/basics/fear.

« Fear of Public Speaking: How Can I Overcome It? » Mayo Clinic, Mayo Foundation for Medical Education and Research. (17 mai 2017). À partir de www.mayoclinic.org/diseases-conditions/specific-phobias/expert-answers/fear-ofpublic-speaking/faq-20058416.

Fearn, N. « Best Presentation Software of 2020: Slides for Speeches and Talks. » TechRadar, TechRadar Pro. À partir de www.techradar.com/best/best-presentation-software.

Grayson, L. « Setting the Tone of a Speech. » Small Business - Chron.com. (21 novembre 2017). À partir de www.smallbusiness.chron.com/setting-tone-speech-41439.html.

Hart, B. « 4 Strategies to Overcome Fear Paralysis. » Medium, Medium. (29 octobre 2013). À partir de www.medium.com/@hartconnections/4-strategies-to-overcome-fear-paralysis-93effc462dd.

Hoque, F. « 7 Methods to Overcome Your Fear of Failure. » Fast Company, Fast Company. (10 juin 2015). À partir de www.fastcompany.com/3046944/7-methods-to-overcome-your-fear-of-failure.

« How to use humor effectively in speeches. » (2016). À partir de https://www.write-out-loud.com/how-to-use-humor-effectively.html

« How to Design a Presentation. » Lucidpress. (10 septembre 2018). À partir de www.lucidpress.com/pages/learn/how-to-design-presentations.

Humphrey, J. « You Are Probably Making One of These 7 Mistakes in Your Everyday Speech. » Fast Company, Fast Company. (7 mars 2019). À partir de www.fastcompany.com/90314736/you-are-probably-making-one-of-these-7-mistakes-in-your-everyday-speech.

Layton, J. « How Fear Works. » HowStuffWorks Science, HowStuffWorks. (26 juillet 2019). À partir de www.science.howstuffworks.com/life/inside-the-mind/emotions/fear7.htm.

Lott, T. « Children Used to Be Scared of the Dark – Now They Fear Failure. » The Guardian, Guardian News and Media. (29 mai 2015). À partir de www.theguardian.com/lifeandstyle/2015/may/29/children-used-to-be-scared-of-the-dark-now-they-fear-failure.

Morgan, N. « How to Become an Authentic Speaker. » Harvard Business Review. (2 janvier 2019). À partir de www.hbr.org/2008/11/how-to-become-an-authentic-speaker.

Nediger, Midori, et Midori. « Presentation Design Guide : How to Summarize Information for Presentations. » Venngage. (12 novembre 2019). À partir de www.venngage.com/blog/presentation-design/.

Palmer, B. « Fear Paralysis Reflex, Anxiety, and Panic Attacks. » Friends and Family Health Centers Blog. À partir de www.homewoodfriendsandfamily.com/blog/2019/10/15/fear-paralysis-reflex-anxiety-and-panic-attacks/.

Parashar, A. « How to Add Humor to Your Speech-without Being a Comedian. » Ragan Communications. (10 août 2018). À partir de www.ragan.com/how-to-add-humor-to-your-speech-without-being-a-comedian-2/.

Higgins, R. « Fun Activities to Spice Up Your Next Workshop (9 Ideas): Eventbrite. » Eventbrite US Blog. (2 décembre 2019). À partir de www.eventbrite.com/blog/9-ideas-to-spice-up-your-workshop-or-training-and-engage-your-audience-ds00/.

Ropeik, D. « The Consequences of Fear. » EMBO Reports, U.S. National Library of Medicine. (Octobre 2004). À partir de www.ncbi.nlm.nih.gov/pmc/articles/PMC1299209/.

Saab, A. T. J. A. L. C. « What Happens in the Brain When We Feel Fear. » (27 octobre 2017). À partir de https://www.smithsonianmag.com/science-nature/what-happens-brain-feel-fear-180966992/

Schmitt, J. « 10 Keys to Writing A Speech. » Forbes, Forbes Magazine. (5 février 2016). À partir de www.forbes.com/sites/jeffschmitt/2013/07/16/10-keys-to-writing-a-speech/#60cad69d4fb7.

«Single Post.» Commanding presence. À partir de www.commandingpresence. com/single-post/2019/06/10/4-Tips-for-a-Commanding-Presence

Smith, J. «12 Tips for Overcoming Your Fear of Change at Work.» Forbes, Forbes Magazine. (17 janvier 2014). À partir de www.forbes.com/sites/ jacquelynsmith/2014/01/17/12-tips-for-overcoming-your-fear-of-change-at-work-2/#10ec8c102735

Smith, J. «13 Public Speaking Mistakes You Don't Want to Make.» Business Insider, Business Insider. (4 février 2016). À partir de www.businessinsider.com/ avoid-these-public-speaking-mistakes-2016-2#-13.

«Transitions in a Speech or Presentation.» Manner of Speaking. (12 mai 2019). À partir de www.mannerofspeaking.org/2019/05/12/ transitions-in-a-speech-or-presentation/

Van Mulukom, V. «How imagination can help people overcome fear and anxiety.» (10 décembre 2018). À partir de http://theconversation.com/ how-imagination-can-help-people-overcome-fear-and-anxiety-108209

«Westside Toastmasters Is Located in Los Angeles and Santa Monica, California.» Inspire Your Audience - Chapter 3: Preparation: The Source of a Speaker's Power. À partir de www.westsidetoastmasters.com/resources/powerspeak/ ch03.html.

www.ingramcontent.com/pod-product-compliance
Lightning Source LLC
Chambersburg PA
CBHW070121030426
42335CB00016B/2224